那子纯 著

让对话温暖而有效

中国出版集团有限公司
世界图书出版公司
北京 广州 上海 西安

图书在版编目（CIP）数据

让对话温暖而有效 / 那子纯著. — 北京：世界图书出版有限公司北京分公司，2023.3
ISBN 978-7-5232-0247-0

Ⅰ.①让… Ⅱ.①那… Ⅲ.①心理交往—通俗读物 Ⅳ.①C912.11-49

中国国家版本馆CIP数据核字（2023）第035090号

书　　名　让对话温暖而有效
RANG DUIHUA WENNUAN ER YOUXIAO

著　　者　那子纯
责任编辑　罗明钢
装帧设计　崔欣晔

出版发行　世界图书出版有限公司北京分公司
地　　址　北京市东城区朝内大街137号
邮　　编　100010
电　　话　010-64038355（发行）　64033507（总编室）
网　　址　http://www.wpcbj.com.cn
邮　　箱　wpcbjst@vip.163.com
销　　售　新华书店
印　　刷　三河市国英印务有限公司
开　　本　880mm × 1230mm　1/32
印　　张　9.375
字　　数　160千字
版　　次　2023年3月第1版
印　　次　2023年3月第1次印刷
国际书号　ISBN 978-7-5232-0247-0
定　　价　49.00元

一个人之所以为人，是因为有其他人。

——非洲谚语

阅读建议：

1. 本书共分9章，每章都可以独立阅读，即不必逐章阅读，完全可以随机翻阅，挑自己感兴趣的题目先看；

2. 凡提问的句子，都须对照自己工作和生活中的具体事情来回答，否则既不易产生反思的效果，也不易理解全书的主旨；

3. 本书源于实践，也指向实践，因此对于所有章节，唯有实际运用在工作和生活中，才会真正体味到本书的实用价值。

切问切答　且修且行

——关于修行的修行

今年元旦，恰逢子纯返庆，我们在家中共度新年。饭后闲谈，子纯讲了一小段关于情绪的话题，我立即被吸引。应我之求，之后的半个月内，子纯陆续发给我21条语音，所讲的内容，大体就是本书第三章的雏形。

“书不尽言，言不尽意”——子纯很喜欢引用这句话。如果你能有机会听子纯讲解情绪，再对照书上的内容，对这句话的理解就会更加深切。坦率地讲，那21条语音的质量并不稳定，有的略带忧愁，有的略显压抑，较之于他课堂上的讲座，少了激情，没了顿挫，如月下泉水，汩汩流淌而又隐匿了神采，自言自语般超然地回响着。即便如此，我觉得它的冲击力还是远胜于书中这些整齐的文字，因为那些略带冷峻的话语，直抵我的内心深处，似乎窥视到了连我自己也不曾关注过的角落。

我这个人一向有春节焦虑症，每次岁尾年初的盘点，总因一事无成而沮丧和茫然。而这个春节，由于那21条语音，心态平和了，因为我终于明白了症结所在。

真心感谢子纯！

但是，千万别以为子纯给我开出的真是什么灵丹妙药。正如我们手捧这本书，读，并不能直接解决你我的问题；做，才有可能消除我们内心的困惑。回到情绪那个话题，我们的焦虑、愤怒、绝望、悲伤，等等，都不是这本书要解决的问题，它只是告诉我们，应该如何去认识这些情绪，尤其是需要自己真诚地叩问自己，与自己的心灵坦诚地对话：产生这些情绪的根源是什么，自己的思想和行为哪些地方出了问题，想解决需要怎样的行动，不想解决的话愿意付出怎样的代价。至此，一个更重要的问题就需要我们确认：你是要解决问题还是准备付出代价呢？

子纯所讲的情绪，与我之前所看到的情绪管理是完全不同的研究方向。他对我们讲的情绪，类似于《道德经》那种“天地不仁，以万物为刍狗”的态度，情绪就是情绪，一种客观存在而已，没有必要善待哪一种、漠视哪一种。他既不抚慰也不对抗，既不纠缠也不回避。那他要我们做的是什么呢？我理解，是洞穿！是去直击情绪背后的、我们自身存在的认知问题和行为问题。

由此，我对子纯的教练技术有了新感受。为了把这个感受表达得清晰一些，我不得不臆造了一个词，就是题目中“切问”之后那个“切答”。

子纯的教练技术，呈现出的形式是提问，本质上却是引导读者自问，是面向自己内心的“切问”。但“切问”只是开始，回答这些问题同样需要我们要有恳切的态度。就我自身来讲，对子纯提出的这些问题，很多时候还真做不到“切答”。步入中年以后，经验主义的处世之道逐渐成为常态，连“切问”都不常有，“切答”就更谈不上了。没有了“切问”“切答”，我们又如何正心、诚意啊？

所以，我给《让对话温暖而有效》（以下简称《对话》）的定位是修身之道，甚至可以说是关于修行的修行。

在《管理者怎样学习》序中，我曾说子纯的教练技术是“以改变为目的”的学习，那么现在也可以说《对话》中的问答就是“以修行为目的”的问答。人生是一场修行，但如何修行却是不得不面对的问题。修行有时可以处于一种自然状态，像饿了就吃、困了就睡，但终究还是要有一定方法的。不讲方法，随心所欲地吃和睡，早晚也是会出问题的。修行又何尝不是如此呢？仅仅是孟子的“苦其心志，劳其筋骨，饿其体肤，空乏其身”是远远不够的，释迦牟尼成佛之后不也坦承自己早年经历了六年多的无益苦行吗？所以，路径和方法是原则、目标所替代不了的。《对话》所提供的修行方法从本质上讲，是格物致知之道，是知行合一之道。格物致知，可以活得通透些，就像春节期间的我，知其然，则不再焦虑；而知行合一，就更为重要了，只有用行动去回答这些问题，一个人才能真正走向“止于至善”。

一路读下来，子纯这几本书的思想其实是相通而又不断发展的。我们可以把《对话》这本书看作是子纯对《隐藏的教练》《管理者怎样学习》及至《大匠无弃材》的一次系统梳理。当然，它也必然是一次理论的深化和境界的提升。如果读过子纯之前的几本书，你自然会看到一些似曾相识的片段，但深入比较之后，你会发现它又增添了很多哲学思辨的味道。我特别赞成的，是这本书更加强调道与术的关系。子纯曾给我写过一幅行书：“厚德载物。”我以为他推崇的这个词语，就是他所阐述的道与术的关系——“物”不仅仅是物质，也是技术、方法、工具，它们能够在多大程度上达己达人，必定取决于“德”的厚度与成色。况且，《对话》指引我们修行的是什么呢？概括起来也无外乎是厚“德”而已。

子纯在这本书中引用了我以前写的一些序言，我也非常认真地进行了重新审视。我觉得，那几篇序言同样也适用于帮助理解这本书。那些文字连同这次写下的这些感想，与子纯的书一样，也算是一脉相承吧！

谭成庄

2022年10月2日

焦虑　　痛苦

（编者注：本文提到的21条语音中的两条音频——焦虑和痛苦，扫码可免费收听）

生命的温度

生命的温度是体验生命的感受。

“先生”，是我对那老师的尊称。在先生《管理者怎样学习》一书中，我有幸写序，序中我称那老师为“先生”。近十年来，我与很多人一直受先生的教导，学习至今。这段时光里先生的温暖、包容和智慧一直陪伴在我们身边，这是我从先生身上感受到的温度，是生命的温度。

用生命影响生命，是生命成长的重要途径之一，这在很多人与人的关系中清晰可见，如：父母与子女、夫妻、朋友、同事。先生的影响更多来自“同学”，因此，构建“学习共同体”成为近两年先生通过各种方式、渠道倾力推动的“学习生态”，目的是使其优化我们的生活方式。书中的问答是先生实现生命影响生命的落脚点之一。问答是在一个个真实的情境中发生，问答中，字、词、句都是生命温度的载体，那些发于心而止于仁的慈悲之问，令答者可以感受到尊重，感受到创造，感受到陪伴和温暖的力量。书中的问答都是先生真实的生命体验，每一个情境都是创造性的。如果一个情境是创造性的，对于生命来说就是新的体验，这份体验通过对话使人感受到生命的温度。如果《隐藏的教练》在讲提问的道与术，《让对话温暖而有效》则是在呈现慈悲与灵活的生命状态。问答是方式，问答背后意图的延伸才是书的内容，而且是关乎生命质量的内容。一个致力于生命质量发展的人，其生命本身怎能没有温度呢！

我用生命的温度来隐喻对生命的感受，意图是能够在问答中捕捉到那些闪闪发光的提问，从中获取震撼心灵、引发深度思考、促动行为发生的可能性，这些是产生温度感的源头，让我们回溯到自己对人、对世界的看法中，通过反思来优化自己的价值体系，最终用新的行动再去创造新的生命体验。不同的问答情境，体验的内容是不同的，原因是这些隐藏在生活、学习、工作之中的每个情境都是独特的，每个人不尽相同，相同的是这个过程让我们的心灵在生命体验之上完成自我塑造。也许有人会问，这样做的意义是什么？我想请你再次回顾本书引为题记的非洲谚语：“一个人之所以为人，是因为有其他人。”生命的温度也是对待生命的态度，先生对待生命的态度都融入学习、生活、工作中，无处不在。

这是我应先生要求第三次写序，仍然是心怀感恩，感谢先生对我的信任和厚爱。先生是自己活出了令人能够感受到温度的生命状态，他将自己对生命感受的体验用问答的方式践行和分享。在我看来，“问答”既是先生对华夏千年文化精髓的躬身传承，也是向千古先贤投去的致敬目光。薪尽火传，生生不息。

段 钢

2022年10月8日

自序

德国哲学家雅斯贝斯提出公元前800年至公元前200年为人类文明的轴心时代，他认为释迦牟尼、老子、孔子、苏格拉底、柏拉图所创立的思想体系，至今仍是人类最重要的精神基础。

这些先知，其思想借以流传下来的主要形式，便是对话录。确切地说是问答录。提问，一向是对话的灵魂。苏格拉底说："人类最高级的智慧就是向自己和他人提问。"现代管理学之父彼得·德鲁克甚至说："如果你不改变提问的方式，你永远都不会成功。"

对话的本质是共同探求，在回忆中考证，在反思中构建。所有对话的背后都有成就美好未来的深层意图，从无伤害自己的动机，这一点无关对话的成败。以成败评判对话，才是真正的失败。

有效的对话，应该是双赢甚至是对话者之外多方共赢的事情。

任何个人，其个人文化的底色与构成，全部完成于其思考及与他人的互动；任何组织，其组织文化的底色与构成，亦全部完成于每一位组织成员的思考及他们之间的互动。

而对话，几乎便是唯一的呈现方式。

即便是沉默，都不可避免地在进行着内在对话。内在对话，依然从属于对话范畴。事实上，一个人的内在对话频率远远高于与他人的对话。内在对话的本质依然是探求，唯增添许多矛盾与纠结。当然，轴心时代先知们内在对话的价值无与伦比，意义非凡。

因此对话的意义变得极其重要，关乎对话者人生的意义与对话者所在组织的意义。而提升对话的质量，才是决定对话者人生意义与对话者所在组织意义的关键。

尽管当下的许多人已经不再孜孜探求自己人生的意义，但人类生存的意义却从不放过对每个人的人生意义进行检视和评判。

每个人的人生意义，尽可由他人评判，但最终总要交由每个人自己检视一番。所谓盖棺定论，往往由那个时代最具话语权者去决定。而时过境迁，打开棺盖翻案的例子却也屡见不鲜。

如此说来，人生的意义是很难讨论的。但正如前面谈到，人生的意义大致可从对话中展露峥嵘。西汉思想家扬雄在《法言》中有一段话很有名："故言，心声也；书，心画也。声画形，君子小人见矣。"说话反映内在的声音，写字反映内在的面貌，从内在的声音和面貌所表现出来的，可以判断出是君子还是小人。

但仅据内在的声音和面貌所表现出来的，便能确认一个人的究竟，其实也难。《论语》中记载："宰予昼寝，子曰：'朽木不可雕也，粪土之墙不可圬也！于予与何诛？始吾于人也，听其言而信其行；今吾于人也，听其言而观其行。于予与改是。'"

孔子的学生宰予白天睡觉，孔子便说："腐朽的木头无法雕刻，粪土垒的墙不可粉刷，对于宰予这样的人为什么还要责备呢？起初我对于人，听了他说的话便相信了他的行为；现在我对于人，听了他讲的话还要观察他的行为。在宰予这里我改变了观察人的方法。"

孔子在这段话中谈到言与行的关系，有行重于言的含义。

其实，对话本身也是行为的一部分。

因此对话与行为不可截然分开当作两件事情来看待。

一个人的语言并不代表这个人，一个人的行为也不能代表这个人。现实中从整体上看待一个人的言与行，要坚持目标导向。唯有在对话中不断地向对方确认目标，才会发生有效的对话。

从孔子的那段话来看，孔子给学生设定的目标是成为君子，仁、义、礼，俱足。要成为君子，不该有怎样的言与行？《论语》中记载孔子说："言必信，行必果，硁硁然小人哉。"说话必须讲信用，做事必须坚持到底，那一定是浅薄又固执的普通人啊！

孟子则说得更干脆："言不必信，行不必果，唯义所在。"孟子给人们设定的目标是成为大丈夫、义士。在孟子的眼里，义是天下合宜之理，只要是公正的、合理的、应当做的，就应该去做，大丈夫、义士便是能够为了公平或信仰而敢于赴汤蹈火的人。

不管怎样，言与行总是极有关联的。

言是行的养成，行是言的诠释。

对话的背后，蕴藏和考验着对话者的慈悲心与灵活性。对话的质量，正取决于这两点。于是人生的意义，也大体取决于这两点。

慈悲，人之大者；灵活，人之要者。

慈悲，属道的范畴；灵活，属术的范畴。

有道无术，术尚可求；有术无道，必止于术。

对话需要温暖，同时需要有效。

由于慈悲，所以温暖；由于灵活，所以有效。

对话关乎他人，兹事体大。

让对话温暖而有效，是对话者的责任与义务。

让对话温暖而有效，是所有人的人生基本功，需要长期修炼。

目录

第 4 章 用故事穿透障碍

第 5 章 坚持向内推动

第 6 章 在开放中聚焦

第 7 章 赋能于自主管理

第 8 章 中国式对话的灵魂

第 9 章 问答之间

第1章 先使问题轻松起来

问题越是重大或紧急，越是要想办法先使问题轻松起来。如此，心理才能恢复自信，脑洞才能打开，才会起到事半功倍的效果。

绝大多数的人都只将注意力放在谈话内容或技巧方面，而往往忽略安全又舒适的环境对谈话所产生的微妙而深刻的影响。

营造场域氛围

场域氛围的营造是谈话前需要考虑的第一件事情。

1.最好坐下来谈，不拘椅子或沙发，台阶、栅栏、草地亦可；

2.选择较为封闭的空间，阳光或灯光、绿植、窗帘是重要元素；

3.手机静音或关机，提前跟他人打好招呼，确保不受干扰；

4.可以提前备好咖啡、茶水等饮料，谈话前先问对方喝点什么；

5.特殊情况下可以播放背景音乐，音量要小一点；

6.桌子上可以放一本画册，推给对方，自己先去洗手间；

7.不妨先夸奖女士的服饰或男士的精神状态，均少猜几岁年龄；

8.如感觉需要预热，就尽可能找到对方感兴趣的话题先聊几句；

9.当女士环顾过环境或男士向后仰靠、松开领口或衣扣，安静地坐稳，目光直视不移的时候，就可进入正题。

若每次对话之前都肯花一点心思营造场域氛围，必然会在对话结束后甚至在对话过程中明显感受到这样做的益处及必要性。事实上，果真形成这样的习惯之后才会知道，这根本不需要花多少时间和精力。何况，这对自己也是一种预热，同时得到观察对方的机会。

要相信，西方人见面先谈天气，中国人见面则习惯先问对方饭否，这习俗得以留传总是有深刻道理的。

当然，若在对话中有意邀请第三方，则会因第三方的身份、立场或风格而营造出微妙的特殊氛围；而在多人参与的会谈中，双方各自内部往往会安排角色分工，例如在中国民间就有唱红脸唱黑脸之说。

有意减轻问题的分量

轻松地看待问题，往往是高效解决问题的先决条件。

使问题轻松起来的方法很多，先有意减轻问题的分量很重要。

尽管这样，可你看上去依旧很精神啊？

情况或许没你想的那么糟吧？

你相信吗？其实这样的问题我也经常遇到。

就算是真的发生了这种事情，那又能怎样？

简单地说，问题的分量决定问题解决的成本。但事实上，心理负担会加码问题的分量。因此，减轻心理负担便是在削减问题解决的成本。更重要的是，减轻心理负担会释放人原本拥有的巨大潜能。

允许和鼓励对方尽情讲述

对话的秘诀之一，就是做一名安静的倾听者。

要始终温和地注视对方，不时点头，让对方感觉被重视。不要打断，只是倾听，允许和鼓励对方尽情讲述。过程中最好只使用“是什么”句式，不使用或慎重使用“为什么”和“怎样做”句式。

哦，是吗？

还有呢？

那又是什么？

然后呢？

于是，你怎样了？

最后是什么情况呢？

那你的结论是什么？

尽情讲述，对双方都有益处。对讲述者是很好的释放，同时能使其充分感受到被尊重；对倾听者，则是很好的了解和观察对方的机会。其实对许多人来讲，能够拥有尽情讲述的机会便会得到极大程度的疗愈。

倾听者，可以用提炼关键词的方式默记对方的谈话要点。当然，如果情形适合的话，有必要写在纸上备忘。

注意切换自己的状态

倾听者的状态，对讲述者有着至关重要的影响。

对话中，要视不同人、不同话题、不同场合或不同情况，切换自己的状态，使自己看起来恰好是对方此际愿意接受的那种类型。

中立者状态：

1.目光如阳光般和煦，耐心而安静地倾听，不时微微点头；

2.保持微笑，间或活泼、风趣和幽默地讲一段小故事；

3.沉稳、郑重而又认真的样子，偶尔在纸上优雅地写着字。

适宜于对职场重要人士，谈论双方都认为复杂且重要的话题。

同盟者状态：

1.恳切地点头；

2.间或赞同地发出“哦”“啊”“嗯”之类的语气词。

3.必要时可以肢体接触，亲切地拍拍肩、拉拉手（女士之间）。

适宜于对老人、儿童、女士，谈论只是对方认为重要的话题。

反对者状态：

1.温柔或坚定地摇头；

2.清晰地说“不”；

3.建议择日再谈。

适宜于任何人，谈论不容改变观点与立场的所有事情。

但在现实中，若希望对话更富有建设性，则应调整反对者状态：

1.微笑地摇着头，或淡然地摆一下手；

2.不时用“哈哈”“不不”插入对方的叙述；

3.结束时，一边轻描淡写地说“我倒并不这样看”，一边却很诚恳地说：“很高兴听到你的心里话，相信你最终会做出正确的决定。”

圆融的反对者状态，其实更适宜于对自己极为信任和认可的，又很重要的人，谈论着双方都认为复杂且重要的话题，但对方明显处在极度情绪化的状态。

特殊情况下，在同一次对话中，以上三种状态可视情形交替切换。

先使问题轻松起来，是实现有效对话的第一步。

第2章

将人与问题分开

2

对缠缚于创伤或难题当中不得解脱的人，谈话者若使对方暂时与创伤或难题分开，才会有高效对话的机会。

事实上，将人看作问题或将问题看作人，使两者混为一体，是永远不可能解决问题的；甚至，不能澄清问题究竟是什么；更甚至，会源源不断地制造出新的问题。

将问题孤立出来

谈话进入正题的时候，需要先将问题孤立出来，使得对方有机会抽离地观测问题，产生一定程度的舒适感。

更换谈话环境，会造成人与问题的暂时分离。

请您过来好吗？在我办公室里聊吧，我这儿有陈年的祁门红茶。

等一下，我们到草地上边散步边聊吧。呃，刚才你说到什么？

我知道一家不错的咖啡店，请你（我）去喝一杯？再聊聊你的事情。

通过设想改换事件环境，既可将问题孤立出来，又能促动思考。

假如你当时不在现场，你猜他们会怎样做？

你觉得这件事发生在哪里会更好处理？为什么？

在怎样的环境下，你会更好地发挥自己的长处？

赋予对方不同的身份，会造成人与问题的分离，并发生觉察。

如果你是总经理，你会怎样做决定？

如果你是乙方，你会怎样报价？

你若处在他的位置，会同意这个方案吗？

想象一下，假如你是一个超人或大英雄，会发生什么？

请对方将创伤或难题放在自己熟悉及崇敬的人身上设想结局，不仅会造成人与问题的分离，还会发生更深的觉察。

你曾见过身边还有谁遇到过这个问题吗？他们是如何处理的？

假如这件事发生在你很熟悉的人身上会怎样？

我知道你很佩服董事长，假设他来处理，你猜他会怎样做？

赋予对方不同的视角，还可以提出更加开放的、关乎他的人生意义的问题，或将创伤与难题放入更为宏大的背景，促动对方的思考产生跳离、飞跃甚至升华。

这件事对你的家人会产生怎样的影响？

你最亲密的人会希望你怎样做？

经历过这件事，你最好的朋友会怎样描述你？

你的领导会怎样评价？

你希望被人们记住什么？

假如这是上天安排的呢？你猜测上天是想使你成为什么样的人？

加入时间界限，同样可以将问题孤立出来，引发更深的思考。

如果早几年遇到这个问题会如何？你会足够重视吗？

如果晚几年遇到这个问题又会如何？那会使你更被动吗？

那你认为，什么时候遇到这个问题才是最好的时机呢？

或许可以交给时间去解决，先放一段时间如何？

假如问题搁置一段时间，你打算先做什么更重要的事情？

时间是一个很神奇的维度。数年或数十年的时间跨度，会使人变得渺小，问题更会变得不那么紧要，更紧要的事情会浮现在时间的长河里，并显示出更重要的意义。这时候，眼前的事情或

时间真是一个很神奇的维度，会将人与人间歇分开。

许不需要解决。要知道，并非人生中所有遇到的问题都值得花时间和精力去解决。

再过10年、20年，你会怎样看这件事？

放在一生的时间长河里，你觉得这件事的意义是什么？

想象自己已进入耄耋之年，你希望怎样给子孙讲述这件事？

所以，你觉得当前做哪件事情会比这件事情更有价值？

你现在的决定是什么？

那你准备从什么时候开始呢？

运用画面，能够调动对方真实的经历，产生感性、生动和丰富的联想。聚焦的画面，会使人因看清问题而清醒。而宏阔的画面，又会使人变得渺小，问题也会变得不那么紧要。但最终画面所带来的，也是运用画面最重要的理由，就是唤醒和释放对方原本具有的解决问题的能量。

我印象很深，前些年你就像暴风雨中的海燕，搏击风雨，自享快乐！我想知道这次你打算怎样度过危机？

你使我想起昨天去公园看到的情景，碧绿的湖面上漂浮着几片长长的洁白羽毛，听两位老人聊天说，那是刚刚有几只南迁的天鹅落在这里抢食时掉落的羽毛，眼看着它们又一起飞进南迁的阵形。现在，你怎样看这次自己与同事发生的争吵？

想象一下，将你连同所处环境投放于一幅巨大的画面里，你希望那是一幅怎样的画面？你在其中的哪个位置？代表怎样的意义？

创伤或难题往往是围绕某种目标产生的。皮之不存，毛将焉附？促动对方基于新的目标进行思考，同样会将问题孤立出来。重建目标，无形中会消解旧的创伤或现实中的难题，打开新的思考空间。

若是降低10%，你会怎样决策？

如果换一个厂家，你想怎样组织这次活动？

假如你的目标是当董事长，你怎样看自己这次竞选科长失利？

甚至反向设置目标进行思维训练，或许会意外地产生洞见。

假如这次必须打败仗，你觉得至少需要做到哪几件事情？

你认为最不可能出现的情况是什么？你是怎样知道的？

就算亏损也要去做，你认为最重要的理由是什么？

更改习惯，会导致最终与问题分离。先从不打紧的不良小习惯入手，再向重要的不良习惯宣战，消灭问题产生的土壤才是治本之策。

我注意到你经常叹气，试试每当要叹气的时候，刻意练习深呼吸，直至叹气消失。过程中注意观察自己，看看还会发生什么变化。

你的物品摆放比较随意，从今天开始注意及时清理掉没用的东西，将物品分门别类地摆放，然后告诉我你的生活受到了何种影响。

如果在任何情况下你都不允许自己说出“他不在”“我不知道”“以后再说吧”这三句话，试试坚持三个月，看看你的工作水平和业绩会发生怎样的改变。

更新价值观，或许问题会自然消失。找到创伤或难题背后的、深层的正面意义，或重新定义创伤或难题，才会彻底与问题分开。

如果你坚定地相信他一定会成功，那你会一直对他做些什么呢？

假如效益不是最重要的，你觉得什么才是最重要的呢？

你反复揭开自己早已愈合的伤疤，究竟想得到什么好处？

这份惨痛失败的背后，正面的意义是什么？

将问题孤立出来，便是将问题放入另一个维度里打量。于是，那个维度里与问题相关的资源便会被调动出来。那些资源看上去总是似曾相识，由此便会引导我们在身边寻找和获取这样的资源。将问题孤立出来，便是将问题远置。换上宏大的视角，会于当下生发更为长远的想法。

距离产生美，也产生智慧。将问题孤立出来，会造成远视或他视的效果，从而产生抽离感，减轻事情带来的压力，将事情看得更清楚。过于在意眼前，会看不到远方，更体味不到诗意。

创造幽默

对话中的幽默可以创造出轻松的空间，使正在被难题折磨或正处在焦虑状态中的对方感觉可以被容纳。

你长得这么美，自然上天会安排给你一些特别的事情。

哈哈！还不如彻底失败呢，至少你不会像现在这样纠结于得失。

你当时那样怒不可遏，有没有吓到自己？

会不会是因为你很优秀，他才这样难为你呢？

如果你早几年遇到这样难缠的人，或许早就成功了呢！

对话中，不能拿讽刺、讥笑、嘲弄或滑稽当作幽默。

他脑子被驴踢了吧？

你还能做得更差些吗？

到了这般年龄，你不觉得该对自己的长相负责吗？

幽默是善意的、富有建设性的，不同于讽刺、讥笑、嘲弄，甚至不同于滑稽。幽默是以亲切感为基础的，其本质是对人在成长中所表现出的不成熟状态的觉察、同情与关照，能够机智地运用语言艺术，从而产生淡化人的消极情绪、消除过分自责与痛苦的效果。

如果能够学会将直觉中产生的讽刺、讥笑、嘲弄或滑稽的句子转化成幽默的句子，对话的效果会好很多。

他的脑子或许被他的行为吓着了，拒绝思考了！

你具备做得更差的能力，只是没有那样做。这是为什么？

你可以说是人不可貌相的范例，我想知道你是怎样做到的？

人类成长的必经之路包括生物机理的进化，即便动物出现类似的萌态也会激发人类的亲切关照，从而引发幽默感。而通常，讽刺、讥笑、嘲弄的对象是主体不可理解的，或是被主体认为是病态的对象。病态是病理性的，而萌态则是生理成长性的。因此，幽默感总是一颗敏锐的心灵在精神饱满、神气洋溢时的自然流露，并非来自居高临下的优越感，而是来自深深的理解、共鸣、同情与关怀。

幽默是一个人的学识、阅历、灵感在语言表达中的闪现，因此具有穿透力。幽默使生活充满情趣，使人轻松自如地面对和处理烦恼与矛盾，消减压抑、忧虑、矛盾和冲突，维护心理平衡，缩短人与人之间的距离，改善人际关系，有利于个人的身心健康和社会的宽松和谐。

你的才华的确很有营养，但总裸露着难免会招来苍蝇啊？

你总是把人想得那么坏，据你说每次还竟然都不出你所料，你们这种天衣无缝的默契配合难道是刻意训练出来的吗？

自己把自己格式化总比别人来干这事要好，因为你是为着优化自己，好填进最新最美的内容上去，而别人干这事只是奔着删除。

如此说来，幽默的本质其实正是智慧。当智慧以被社会许可的某种戏谑和轻松的方式表达愤怒、焦虑、恐惧和失望等种种特殊情绪的时候，会创造出一种被人们认为是反常识甚至反逻辑的效果。但也正是这种效果，使得问题的解决变得相对容易或高效。幽默总是基于乐观的视角。因此列宁说：“幽默是一种优美的、健康的品质。”

拟人或拟物

谈话遇到困难的时候，不妨作拟人化处理，不仅会使对方产生一定程度的舒适感，还会生发新的思考。

这创伤总是来操纵你，你猜想它的恶意是谁赋予的呢？

你觉得这次的焦虑同以往的焦虑相比，它新的诡计是什么？

遇到的困难确实很多，你觉得它们的计划是什么？

这个难题的确很棘手，它的盟友还有谁？

这花开得如此娇美动人，你猜她要传递给你的信息是什么？

谈话进入到深层区域的时候，配合开放式提问和洞见性提问的拟人化处理，不仅会使对方产生一定程度的舒适感及生发新的思考，还会促动对方拓展更广阔的思考空间。

假如这困局是上天安排的，你猜测上天的意图是什么呢？

旧的创伤总来折磨你，你觉得它到底是得到了谁的允许或指使呢？

又是它来捣乱！你认为它反复来虐待你的力量究竟来自哪里？

如此笨拙的表演，竟扰乱了你的全部计划！它就不会来点新鲜的？

既然拟人可以取得良好的对话效果，拟物（或动物）同样可以。

你说话像刀子一样锋利，我很好奇你的朋友会有怎样的感受。

你说他像一条疯狗咬了你一口！你难道还要咬他一口吗？

假如这难题背后藏着一只狡猾的狐狸，你猜它想干什么？

他像一只考拉在缓慢地捍卫领地，这次考拉是怎样恐吓你的？

也可将对方拟为同谋，以激发对方觉醒。

他的做法并不聪明，可你每次都使他成功，你是怎样做到的？

为什么你总选择用他人的错误来惩罚自己呢？

你可真够善良的，竟然一直甘心被这样既蠢又坏的人欺负！

你每次都靠摔东西配合他人的攻击和诘难吗?

甚至可以反其意而拟之，将其引向自我深度反思。

假如真的像你说的他总是不同意你的方案，每次都故意与你背道而驰，为什么这次你不试着向他提出一个很坏的主意呢?

你该感谢他的刁难，不是吗?正是他一直在帮助你变得机警和聪明起来!这次他又来这一手，你猜测他又想帮你提高什么?

由于万事万物都可以被赋予人格与情志，因此拟人拟物势必会造成人与任何事物的深度联结，那事物瞬间会变得生动、鲜亮、活泼、亲切，人的大脑便会幻化出无数思考的方向，思考结果也会产生更多可能，包括人的身体同样会变得能够超越平时的诸多限制或不可能。

同样，任何人都可以对应和匹配到可拟之人或物，也会创造出人与事物的深度联结，从而促动向内的深度反思。

坚信对方没有错

任何人的潜意识当中，都没有伤害自己的动机。之所以事情没有取得预期的效果，通常是因为没有找到有效的方法。对话者只要愿意肯定对方的动机，问题便被孤立，对方就不会产生对抗情绪，也就愿意继续对话，共同寻找方法。

他竟然拂袖而去，我怎能不发火？

我相信你冲他发火是因为一心想跟他共同解决问题的，同时我也相信他拂袖而去并不代表不想跟你解决问题。你觉得呢？

帮助对方找到有效的方法，往往来自从对方的语言中找到正确的部分加以利用，攻陷对方的逻辑，引导对方自己找到有效的方法。

他拂袖而去，我还能怎么样？

你怎样做，他才能不拂袖而去呢？

难道要我去乞求他？

如果乞求能解决问题，为什么不？

那我的面子往哪儿放？

面子跟目标相比，哪个更重要？

当然目标重要，但面子也是绝对不能丢的。

如果你主动跟他沟通并最终实现双赢，岂不是让你更有面子？

照这么说，那我应该主动去联系他？

你来决定。

我只是不想乞求谁！

为什么一定要用“乞求”这个词？

那还能用什么词？

你觉得呢？

换什么词不都是一样？还不是等于我在乞求他？

假设你是在给他一次机会或是在给自己一次机会，你感觉如何？

感觉确实不一样！但这不是自欺欺人吗？

若因此事情取得很好的效果，你还会坚持定义这是自欺欺人吗？

无法找到有效的方法，更多时候是因为不愿意改变态度或信念。因此帮助对方找到有效的方法，仍然需要从对方的语言中找到正确的部分加以利用，攻陷对方的底层逻辑，引导对方自己改变态度或信念。

我不喜欢跟人们接触。

哦，那说说看，你通常不喜欢接触什么样的人呢？

我不喜欢张牙舞爪的人。

巧了，我也是。有人会喜欢张牙舞爪的人吗？

但我想说，我不喜欢接触人！

我敢肯定，你曾经是喜欢接触人的，否则你怎么可能得出不喜欢接触人这样的结论呢？告诉我，你曾经喜欢接触什么样的人呢？

我喜欢接触没有功利心的人。

谁曾符合你的标准呢？

曾经有一位很要好的朋友，但后来发现他功利心很重。

怎样发现的？

通过一件事情。

明白了，不同事情的确可以称量出一个人功利心的程度。你相信有人是没有任何功利心的，是这样吗？还是说，你相信任何人都有功利心，只是不知道如何称量？

不知道如何称量。

那很好，你只是需要在接触人的过程中学会如何称量对方的功利心而已。你觉得是这样吗？

对话的重要技巧之一，就是将谈话指向具体。例如要求对方给出他的定义，或补充重要细节。如此，将很轻松地看清对方想法中正确的部分。肯定对方做任何事情时背后的动机，同时痛快地承认每个人都有喜欢或不喜欢做某些事情的权利，便会使对方暂时与创伤或难题分开。

我喜欢独处，感觉很舒服。

独处的时候，你通常会做些什么事情？

喝茶、唱歌、线上玩棋。

与他人一起做这些事情的时候，会感觉不舒服吗？

也不是，但我很挑人的。

假如和别人在一起做这样的事情，同样感觉很舒服，会是谁？

喝茶的话，应该是父亲或老同学，但不常见到他们。

唱歌呢？

应该是老同学。

你需要在身边发展像你父亲或老同学那样的人做朋友，对吗？

应该是的。

在与朋友做其他哪些事情的时候，你同样会感觉舒服呢？

打篮球，可惜没有球场。另外，感觉打网球应该挺好玩儿的。

所以，不只是独处时让你感觉舒服，还有其他的事情会让你感觉舒服。你需要发展出新的朋友和爱好，为这些爱好创造条件，做一些令自己感觉舒服的事情，不拘于独处才能得到。

是这样，但感觉很难。

那是因为之前很少尝试，对吗？你现在已经知道，独处时并不是做任何事情都会感觉舒服，与他人一起做喜欢的事情同样会感到舒服，独处并非是获得舒服的唯一途径。你觉得是这样吗？

使对方暂时与创伤或难题分开，需要创造出新的空间。使对方暂时与创伤或难题分开的好处是制造适度的抽离，至少使人不再因近距离直面创伤或难题而感到局促、难受或自责。而回应的语言愈是隐蔽地利用对方语言中正确的部分，则愈会具有治愈功效。

坚信对方没有错，才会创造出将人与问题分开的机会。

第3章 觉察与升华情绪

任何人都活在情绪里，人不可能没有情绪。声称没有情绪，本身就是一种情绪。说自己早已戒掉了情绪，如果不是笑谈，就是不够诚实或不够专业的、一本正经的胡说。

自信、恐惧、乐观、激动、幸福、抱怨、满足、耻辱、感恩、愤怒、快乐、自卑、荣誉感、担忧、信任、绝望、悲伤、喜悦、平静、嫉妒、委屈、好奇、憎恨、自豪、生气、愧疚、焦虑、兴奋、孤独、期待、厌恶、同情、惊讶、信任、沮丧、崇敬、痛苦、困难，几乎是人人都曾体验过的、再熟悉不过的、经常光顾的情绪。所有情绪都没有好坏之分，将情绪分为正面情绪与负面情绪，虽有助于分类，却只是将情绪标签化的简单处理，不但无助于认识情绪，反而会形成各种成见和不良习惯。

任何情绪都值得被看见，更值得被尊重。

什么是情绪？简单说，情绪是经由身体表达内在感受的某种状态。什么是感受？简单说，感受是外在事物经由内在的价值观与信念过滤所产生的心理体验。由此看来，情绪的内核是价值观与信念。

情绪无比忠诚于内在的价值观与信念，因此任何情绪本身从来都不是问题。情绪只需觉察，无须评判，更谈不上管理。非但如此，情绪其实是认知自我的可靠途径，经由觉察情绪可以深度处理内在的价值观与信念，升华觉察者的认知。

因此任何情绪都有价值，能教会人从中修习自己人生中最重要的功课。任何一份情绪的最终指向，都是内在的价值观与信念。从这个意义上说，任何一份情绪的背后，都有一份正确的动机和正面的意义。人们通过觉察任何一份情绪所能得到的最善结果，必然是对自己某一份认知的升华。

先接纳情绪

遇到因事情很严重而情绪冲动的谈话对象，宁肯不去解决问题，也要确保安全而完整地接纳对方的情绪。只有这样做，才有可能最终解决问题，甚至事半功倍。接纳情绪最稳妥的方法是客观描述自己所看到的或感受到的对方的身体和表情所呈现出来的状态。

你看起来很沮丧，告诉我发生了什么。

看你红着脸，喘着粗气，什么事使你这么激动呀？

这几天你脸色很不好，需要我做什么吗？

共情，一向是最简洁的接纳方式。

哦，原来是这样！

怪不得你会生气呢！

谁遇到这样的事情都会很绝望！

我非常理解你此刻的心情！

换成我也会很着急的。

其实我此刻与你一样也很担忧，那就让我们好好探讨一下吧！

你是如此痛恨他，这使他成为一直以来都在教会你理解难以理解的事情的那个人。我可以这样理解吗？

所谓的正面情绪，同样需要被接纳或进而在接纳中促动思考。

你的喜悦溢于言表，快来给大家分享一下？

看你这样兴奋，真替你高兴！看来今天我们的谈话会很愉快。

你这样感激他，有没有想过他一再帮助你的目的是什么？

无论对话时间如何紧迫或内容如何重要，首先都值得花一点点时间辨识对方的情绪。任何情绪，都应无条件地予以接纳。

接纳情绪，总没有错，因为情绪永远是对的。

接纳一个人的情绪，并非等同于接纳其情绪背后的价值观与信念，而是接纳这份情绪背后正确的动机和正面的意义。

同样，若在谈话中感受到自己产生明显的情绪，也须观察与接纳。

我这份情绪是什么时候产生的？

它来自何方？

有多强烈？

这份情绪是在提醒我内心蕴藏着怎样的真正需求？

这种需求是否符合与他人和世界共赢的原则？

接纳自己的情绪，才可能接纳对方的情绪。

肯定任何体验

当一份情绪来临的时候，要知道那正来自一份实际的体验。而每一份相同的体验，却可以来自不同的体验方式。匪徒抢劫银行成功与警察抓获劫匪所产生的兴奋是一样的，但这种别无二致的兴奋却来自截然不同的体验方式。因此，所有的体验，同情绪一样都值得肯定。

肯定任何体验，并非是在肯定任何带来体验的行为。正相反，肯定体验的意义正是在于探索和丰富能够带来体验的种种方式，同时通过细分和检定哪些体验方式能够被社会所容许，哪些不能被社会所容许，来学习人生中最重要的功课。仿佛肯定毒蘑的颜色搭配、美妙形状或特殊纹理，并非一定意味着可食用，而是独取其颜色搭配、美妙形状或特殊纹理，借用于设计服饰或建筑。

我知道你很害怕！但你只是害怕这件事的结果会不好，而不是害怕事情本身，对吗？所以你的害怕其实是在提醒你，怎样才能找到做好事情的有效方法，是吗？

你的兴奋是因为这件事让你感觉很好奇，同时对自己也很有挑战，并不是像有些人说的是想借此出人头地，是这样吗？

你至今仍是那么感激他曾对你的帮助，尽管他当时是在利用你。其实我很欣赏你这一点，你知道如何区分行为与发心。正是他教会你如何帮助他人，同时警惕自己的动机。我这样理解，不知道对不对？

当体验被接受的时候，才有可能放松地寻找和看待带来这种体验的潜在的不同的体验方式，从而对种种行为做出正确的判断与选择。

只有肯定体验，更多可以带来此种体验的种种正确的方式才会被看见、激发与释放出来，这些正确的方式自然便会取代此前不正确的方式。

深度觉察

不急于谈事情，先请对方描述自己的情绪，对方便会产生对情绪最直接和最方便的觉察。这要比直接告知更有力量，也更有效。

先跟我说说你的感受吧？

如果用一个词形容你此刻的情绪，你会用哪个词？

换一个词的话，你会换哪个词？

满分是10分的话，这份情绪的强度此刻是多少分？

跟各种事情联系起来考证同一情绪，会自动产生觉察。

还有什么事情会使你产生兴奋的感觉？

也就是说你有很多办法使自己兴奋起来？

为了使自己兴奋起来，你觉得还可以去尝试做什么不同的事情？

跟多次发生过的同一种事情联系起来考证不同的情绪，同样会产生觉察。这样的觉察，会使人看见、想象或设计自己的成长轨迹。

请你回想一下之前你也遇到这种事，为什么却没有产生焦虑？

跟我说说那是怎么回事？

这次有什么特别之处？

同样的事情却给你带来不同的情绪，这是为什么？

当自己有了怎样的改变，再次经历这件事的时候，感受会很不同？

跟事情联系起来考证情绪的来龙去脉，会使人学会将事情与情绪分开来看待，且相互参照，产生对事情与情绪之间关系的觉察。

毫无疑义，世界上所有的事情都可以概括为三个问题：是什么、为什么、怎样做。但日常生活中绝大部分人都只把精力放到回答“怎样做”这个问题上，其实这正是做不好事情的根本原因。没弄明白一个事情“是什么”“为什么”，永远找不到“怎样做”的有效答案。“是什么”“为什么”这两个问题，恰恰最具智慧含量，且常问常新。

于是，推动产生觉察的问题次第变得很重要。

凭直觉，你觉得它是什么？

那么，你认为它究竟是什么呢？

请告诉我，你为什么要做这件事？

那么，你认为做这件事最重要的理由是什么呢？

你打算怎样做？

你将怎样向他人证明你做到了呢？

现在，你的感受和心情如何？

总地说来，觉察可分为三个层次：

1.只是看见事情，知道事情的功效；

2.在事情中看见他人，知道区分他人的意图与行为；

3.在事情中看见自己，知道事情、他人、自己三者之间的关系，判断事情其实是什么、为什么、如何做。

通常，所有人都能对绝大部分事情达到第一层次的觉察力。如同一位母亲看见自己的女儿又在摔东西，她很惊恐，她很怕这种噩梦反复上演，她只知道女儿此时很愤怒，同时心疼被砸坏的东西，甚至心里忙着在计算物质上的损失。

但第二层次的觉察力，对大部分人来讲很难达到，这需要具有较强的反思能力或经过刻意训练才能达到。如同那位母亲能够通过女儿摔东西，看见女儿内在的动机是希望得到母亲的重视或尊重，而摔东西是女儿唯一用得既方便又顺手的熟练技能（被神经网络结构记得，成为大脑的活动形态中最成熟的反应路径之一，简单条件下就可轻易被激活，其力量足以战胜理智）。

达到第三层次的觉察力是最难的。如同那位母亲能够通过女儿摔东西，看见自己过去也对自己的母亲摔过东西（或做过类似摔东西的事情，女儿摔东西是通过模仿产生的新创造），或看见自己一直没有教会女儿学习如何引起他人重视或尊重的、用起来既方便又顺手的新技能，使得女儿至今只掌握摔东西这一项陈旧技能。

因此，对话的推动层次若契合觉察力的层次，才更易被接受。

这是一件怎样的事情？

影响是什么？

他的深层意图是什么？

他的行为在多大程度上符合他的深层意图？

你对自己的反思是什么？

所以，你需要做出什么改变才会使事情的结果更好？

当然，如果在每一回合的对话中都能跟随情绪进行，让情绪提供谈话的线索，用情绪确认谈话的效果，则会更好地促动对方递进生成对自己的觉察力。

你看到或听到了什么？

于是，你有何感觉？

你觉得他是怎样的一个人？

他的深层意图是什么？

他这份意图背后的动机是什么？

那么，这件事的正面意义是什么？

那他跟别人到底有何不同呢？

他的行为在多大程度上符合他的深层意图？

于是，你认为这件事的重点其实在哪里？

你从中反思到什么？

你更愿意自己在这件事当中，处于怎样的位置？

所以，你需要做出什么改变？

现在，你的结论是什么？

接下来，你想怎样推动他解决这件事？

现在，你的感受和心情如何？

第一层次的觉察力带来的只能是不断地强化过去的评判，从不会更新评判，尽管有些评判是对的（这正是评判模式得以强化的根源）；第二层次的觉察力带来的是对事情中他人的认知不断被刷新，能够无条件肯定他人的深层意图，从而愿意思考既符合意图又能解决问题的有效方法；第三层次的觉察力只会产生一种结果，那就是致力于改变自己（任何人改变自己的本质都是改变大脑结构的物质事实，这一点极少为人所知），客观上产生推动他人的力量，使事情的结果尽可能更好。

提升认知以升华情绪

谈话的效果不应只是体现在解决事情的层面，更重要的是应该体现在提升对话双方认知的层面。

前者只关乎当下一件事情，后者却关乎未来很多事情。认知的提升，必然会带动情绪的升华。例如：一个人会正确地运用愤怒取得显著的效果，或能够经常从各种大小事情中收获淡淡的喜悦。升华情绪是一个人获得幸福的最终功课，而这必然从提升认知开始。

通过情绪了解自己通常会被人忽视，但却是简便而有效的方法。

不同的人所产生的相同情绪的背后，很可能蕴藏着截然不同的价值观与信念。不加评判地觉察情绪，才有机会深度处理情绪背后的价值观与信念，提升觉察者的认知。

也就是说，每个人都可以，也很有必要通过自信、恐惧、乐观、激动、幸福、抱怨、满足、耻辱、感恩、愤怒、快乐、自卑、荣誉感、担忧、信任、绝望、悲伤、喜悦、平静、嫉妒、委屈、好奇、憎恨、自豪、生气、愧疚、焦虑、兴奋、孤独、期待、厌恶、同情、惊讶、信任、沮丧、崇敬、痛苦、困难等情绪，找到其背后的正确动机和正面意义，以此修习自己人生中最重要的功课。换句话说，一个人的情绪正是一个人认知水平与实际能力的标签。

深度解读人类最重要的十几种情绪，可以在短时间内有效提高一个人的认知水平。若再付诸实践，可以快速提高处理事情的实际能力。

1.自信

自信源于个体经历中成功部分所带来的心理感受，自信的本质是自己相信自己有足够的能力克服困难以成就某件或某类事情。自信有基因传承性，但主要靠习得，包括通过观察他人的行为以间接获得。自信是一种生存技能，也是一种信念、态度或竞技状态。由于个体在某个领域获得的自信可平行迁移到其他领域，因此自信心能够有效激发一个人的潜在才能，同时也会带来一定的风险（因为带有某种盲目性）。激发潜能与认清风险，正是自信这种情绪的背后所蕴藏的正确动机、正面意义与重要价值。

一个人对自己有足够的自信，才会信任他人（敢于首先信任他人），也才能获得他人的信任。自信会发展出自爱，使人格外珍惜拥有能力的自己；自爱会发展出自尊，使人格外尊重足够自爱的自己；自尊会发展出尊重他人的能力，使人格外懂得尊重他人的重要性，从而也才能更多地获得他人的尊重。

自信关乎能力，自爱关乎价值，自尊关乎他人。自信、自爱、自尊，构成一个人的自我价值。自我价值是一个人的内心素质，其所呈现的方式便是与世界互动，其互动状态就是心理健康状态。自我价值与心理健康构成一个人的身份。一个人只有一个身份，但可以有很多角色。身份如同一颗钻石，每一个角色如同钻石的每一个切面。身份是一个人心理活动最核心的部分，也是一个人最有能量、最具价值的部分，负责回答“我是谁”和“我应向哪里去”的根本问题。

而建立自信，便是构筑身份的起点。

快速建立自信的方法：

1.承认和接受自己的意愿和感觉；

2.勇于尝试；

3.重视总结和积累经验；

4.养成言出必准、言出必行、有所必为、有所不为的习惯。

一个人的任何能力，都必须获得外部肯定才能形成自信。也正因如此，一个人在群体中最佳的表现其实是肯定他人。因为只有肯定他人，才能使他人和自己都聚焦到被肯定的部分。无论对于被肯定者还是对于肯定者，都会经由肯定而快速发展被肯定的部分，从而扩大为影响到双方整个人生中的身份建立。这其中最为重要的环节，便是一个人一定要多做、多做到，因而才能因多做到而获得更多的肯定。

多做，包括刻意练习。所有的刻意练习都带有一份抽离，一份抽离便是一份清醒，一份清醒便是一份效果。其中，最为深刻而有效的练习便是向自己或他人提问。因为提问是促动反省或从事创造性工作的最佳思考方法，是对话（包括内在对话）的灵魂。

我最相信自己的是什么？

我是如何获得的？

这份自信可以迁移到何处？

这会激发我的何种潜能？又会带来何种风险？

于是，我会成为什么样的人？

2.恐惧

恐惧源于对未知产生的不安、疑虑等感受，其含义是不愿付出以为需要付出的代价。恐惧是远古人类祖先在面对生存威胁或危机中进化出来的或战或逃的应对优选机制。今天的人们在面对指责、评判或拒绝时，本能地会认为受到威胁，瞬间自动从或战或逃的选项中进行最优选择。恐惧背后蕴藏的正面意义是指引恐惧者找出自己认为需要付出的代价到底是什么，同时思考自己能够做些什么可以无须付出这些代价，或找到值得付出这些代价的理由，或主动澄清双方的意图以消除误解，甚至通过寻找共同利益将对手转化为伙伴以实现共赢。

正确地认知恐惧感，会使我们在很多时候愿意适当地付出代价，从而使自己的人生增加许多“可以做”的选择；同时，使自己保持能够经常而适度地感受到恐惧的能力，便会始终保持警惕，不使自己陷于更危险的境地。因此，深层处理恐惧感并非一定要装作勇敢或强迫自己去做那件引发恐惧的事情，而是将做这件事作为选项之一，将主动权交到自己手里，并创造出多种选项供自己选择。恐惧者同样可以拥有勇气。勇气的准确含义是：虽然恐惧，但还有决心和方法很好地应对。

你对这件事感到恐惧的背后，是在担心失去什么？

哦，那现在做些什么可以不用担心失去呢？

假如理当付出一些代价，那理由是什么？

做些什么事情，可以弥补损失？

选择去做一些其他的什么事情，可以获得同样的收益？

如果视为误解，你会做些什么？

如何将对手转化为伙伴，以实现共赢？

恐惧感是在提示你不要去做什么样的事情？

你现在对这件事还感到恐惧吗？

假如10分是恐惧最高分，你能允许自己恐惧的程度是多少分？

那你现在的决定是什么？

3.激动

激动源于受到外部刺激，可以包括愤怒、狂喜、绝望等很多情绪。激动的含义是“这事件对我很重要”“出乎意料”“超出我的意识控制”。激动的结局，总是归于平静地接受。激动背后蕴藏的正面意义是指引激动者思考未来如何避免或召唤这类事情。

我为什么会没有预料到？

怎样做可以避免或使它再次发生？

别人是怎样处理的？

设想10年后，我会怎样看？

在我的人生中，还有哪些事比这件事更重要？

4.抱怨

抱怨源于不能令自己感觉满意的感受，其本质是拒绝接受令自己感觉不满意的人或事，同时不愿意通过改变自己以改变所处的现状。

经常抱怨的人早已习惯于将能量用于责备，以使自己产生他人错自己对、他人弱自己强、自己优越于他人的幻觉，其实这属于一种自我消耗的心理暴力，长时间、高频率抱怨的人会伤害大脑，使自己变得愚蠢和麻木。经常抱怨的人凡事都以潜意识中预置的各种“应该”为评判前提，把自己的想法和感受看得过于重要，忽略他人的想法和感受，甚至把自己的错也甩锅给别人。抱怨的正面意义是使抱怨者看见自己内在极强的沟通诉求，同时为自己指出能力提升与行为改进的方向。

当你抱怨的时候，你的本意是贬损他人还是希望事情圆满？

当你不满意他人的时候，你是不满意其动机还是行为？

一直以来，抱怨带给你的好处是什么？

你做些什么可以使事情变得好一些？

5.满足

满足源于欲望获得实现后大脑给自己的奖赏，包含愉悦、幸福感、成就感等情绪。满足的含义是为欲望标示获得奖赏的刻度，以此度量个体存在的意义。满足背后蕴藏的正面意义是指引满足者思考获得奖赏的原因，认清自己的环境和际遇，确立新的目标。

回过头来看，我在这件事中设定的获得满足感的条件是什么？

这份满足感对我整个人生的意义到底意味着什么？

有谁会因此受到损害吗？

透过这件事，我怎样评价自己所处的环境和际遇？

对自己，我看到了什么？

这份满足会使我失去什么机会？

我的下一个目标是什么？

6.感恩

感恩源于匮乏中因受到他人帮助而产生的回馈意识，包含感激、感谢等情绪。中国人常讲："受人滴水之恩，当涌泉相报。"其实，这属于感谢范畴（回馈的数量改变不了感谢的性质）。而感恩是指能够帮助与自己当初同样需要帮助的人，甚至不曾回馈施恩者。中国还有句话："君子不食嗟来之食。"给予的方式如果使人不爽，那么无论所给予的如何丰厚，品行高尚之人是不会接受的。可见，给予的方式也是给予的一部分。因此感恩的含义不仅是同情匮乏，还包括认可他人（社会、自然界）给予包括自己在内之人的福利及给予的方式，且内心向往丰盈，追求秩序与平衡，希望自己成为乐于且有能力帮助他人的人。

感恩背后蕴藏的正面意义是指引感恩者正确地认知自身、认知社会、认知自然界，更好地融入所处的群体，同时思考如何放大自身的价值。感恩、好奇与喜悦是所有情绪中最富滋养能量的情绪，也是最能提升人的感知能力和认知水平的情绪。三者其中，感恩是基石般的存在。

你享有的这一切，应该感恩谁？

假如施与受不够平衡，会埋藏什么风险？

什么样的感恩方式是不会被接受的？

感恩的想法和感恩的行为到底对感恩者有何影响？

谁现在还像你当初一样匮乏？

为此你能做些什么？

7.愤怒

愤怒源于恐吓对方的心理，以示强大不可欺，同时给自己力量去改变自己不能接受的现实。因此，内心力量不足的人，尤其需要经常使自己活在愤怒里。其实这样做，恰恰是在无谓地燃烧自己的能量。很多时候，愤怒只是在消极地反映自身的诉求。其实，愤怒最有意义的部分是向内改变自己，而不是向外改变别人。愤怒于自己的无能，才是正确的、有建设性的突破方向。当然，若愤怒对某些心怀不轨的人有效，也是可以运用的。动物都有立毛龇牙以示强大的技能，使对方因不敢挑战或感到没有冒险的必要而退却。

我想通过愤怒达到什么样的效果？

这效果还能通过什么达到？

我的愤怒表明我不愿接受自己的什么？

我的愤怒是在指示我应该做出怎样的改变？

这世界，我理应为谁而愤怒？何事配得上我的愤怒？

8.担忧

担忧是基于个人的欲望或未来的目标，顾虑到现有资源或能力不足而产生的心理状态，包含焦虑、紧张、忧虑等情绪。担忧的含义是“事情很重要，需要额外的专注和照顾”。担忧背后

其实，愤怒的正面意义是向内改变自己，而不是向外改变他人。

蕴藏的正面意义是指引我们看清自己的身份、看清自己所在的系统、辨识自己与系统的关系、消除可能存在的误解，从而寻找解决问题的方向。

过往的哪件事是通过担忧解决的？

你的担忧说明欲望或目标需要做出怎样的调整？

还是在提醒你哪些资源或能力不足？

那么，你打算采取哪些措施？

这件事足够值得你如此重视吗？

干脆不做这件事的话，究竟会怎样？

你对自己的身份及你与系统的关系是怎样看的？

还存在哪些不够清晰之处或误解吗？

9.绝望

绝望源于因感到无力改变处境而决定放弃努力所产生的心理状态，包含悲观、无奈、失意等情绪。经常产生绝望情绪的人常被描述为习得性无助，绝望已成为他们能够熟练掌握和运用的一种生存技能。绝望包括对人、事、物的绝望和对自己的绝望，因此绝望的含义有两个：企图控制人、事、物；不接受自己。

绝望背后蕴藏的正面意义是指引绝望者找到正确的思考方向，包括：将挫折视为教育，习惯于回忆成功体验，给自己选择的自由，学会正确地归因，练习用充满仪式感的举动赋予自己微小的进步以成就感，对自己进行认知干预，调动自己的潜意识，做事情不给自己预设限制，不轻易放弃，不助长内心绝望、无助的心态，学习用科学的方法去平复它们，相信一切皆有可能，树立更美好的愿景。

除提问外，刻意练习还包括信条、宣言的植入与强化（如同咒语般运用）。两者交替使用，可以使训练效果更佳。

我是怎样学会绝望这种技能的？

我想控制什么？

想想自己做过那么多成功的事情，感觉真的很好！

所以，我还可以更好！

一直以来，挫折都教会了我什么？

我有选择的权利！我只是需要学会给自己多一些选项而已。

心想则事成，相信相信的力量！

10.悲伤

悲伤源于经历里的挫败，包含沮丧、失望、气馁、消沉、孤独等情绪体验。悲伤感有助于理解世界，适度的悲伤可以纾解心情和调节身体，起到自我保护的作用。但是，强烈或持续的悲伤对人的身心是十分有害的。可以说，适度悲伤也是一种才能。

悲伤的含义是权衡事情的价值与重要性。所有悲伤，都会使人在否认、愤怒、妥协、沮丧、接受的情绪和状态中度过。例如：面对亲人离世，大抵会经历这五个阶段。悲伤背后蕴藏的正面意义是指引我们从失去里汲取力量，更加珍惜仍然拥有的，哪怕只是记忆。妥善运用这仍然拥有的，去迎接不确定的未来。

这件事已成事实，那么我在否认什么？

我现在奉献什么才能挽回一部分损失呢？

我需要更加珍惜自己仍然拥有的什么？

这份悲伤对得起我失去的！

我可以转化这份悲伤为一股怎样的力量呢？

此刻，我需要做些什么更有意义的事情呢？

11.喜悦

喜悦不同于快活、欢喜和兴奋，喜悦源于对人类与事物有更深刻的认知与体验。痛苦与喜悦是一体两面、相反相成的情绪，痛苦无损于喜悦。对痛苦体验深刻而丰富的人，也最能充分地体验喜悦。喜悦的含义是指一个人有能力化近为远、化微为著、化拒为纳、化悲为喜。

喜悦背后蕴藏的正面意义是不忘体恤他人的感受，同时警惕自己的喜悦来源于何方。为自己制造喜悦是一份卓绝的能力，但若能为他人制造喜悦则是卓越的品德。喜悦也来自掌握感、胜任感和自豪感，能从很小的事情中感知到美好和希望才是认知能力提升的体现。

前面说，感恩、好奇与喜悦是所有情绪中最具滋养能量的情绪，也是最能提升人的感知能力和认知水平的情绪。这三种情绪之中，喜悦是验证感恩与好奇的权威。

你正为何而喜悦？

你应为何而喜悦？

他人的感受如何？

你如何能于任何人或事物中收获喜悦？

12.嫉妒

嫉妒源于因个体差异或社会竞争所产生的被剥夺感、失衡感和屈从感，从而导致极想消除或破坏他人优越性的心理倾向。

嫉妒的含义是自我感觉自己的能量与同处一个系统的对方的能量相当甚或略胜一筹，但实际所获取的优越性却有差距，试图加以限制、排斥和打击。嫉妒常来自错乱的投射与妄想，嫉妒心理会表现为诅咒与尖酸刻薄的语言、非理性与迷失方向的行为，往往是内心深处绝对平均主义为懒惰而织造的遮羞布，以掩饰或平衡自己的支配与征服的欲望。其结果往往是折磨自己，伤害他人。所以莎士比亚说："您要留心嫉妒啊，那是一个绿眼的妖魔！"

常听人连在一起说"羡慕嫉妒恨"，其实羡慕是对幸福概念的一种深层认知，也是对他人幸福的一种认可与祝福，完全不同于嫉妒与恨。

嫉妒背后蕴藏的正面意义是指引嫉妒者认同"任何人都有足够的资格、资源与能力去建立成功快乐的人生"的理念，不逃避拥有。这是嫉妒背后唯一的正面意义与重大价值，极难发掘与呈现。嫉妒、憎恨与困难是所有情绪中最难转化的情绪（若处理不好，则最危险和最具杀伤力），也是最难寻找正面意义与重大价值的情绪。但从某种意义上说，转化憎恨、嫉妒与困难情绪，极必要、极重要、极具价值。

归根结底，成功和快乐都是一种感觉！

做任何事，只要不违背他人的意愿，都会带来成功和快乐的感觉！

为什么你不可以拥有成功和快乐的感觉？

把对方拉下来是获得成功和快乐感觉的唯一正确选项吗？

怎样做才能使自己在平凡生活中时常获得成功和快乐的感觉？

任何人都有足够的资格、资源与能力去建立成功和快乐的人生，当然包括你！你一定也可以的。

13.好奇

好奇源于个体将认知暂时归至原始、类似清零状态下所产生的提问倾向。因此，无知未必引发好奇，而博学也可导致愈加好奇。好奇时刻是没有评判的，唯有对更多可能性的探求（事实上对拥有创造性思维的人来说，无评判的好奇是常态，唯有采取行动前才需要做出评判或决定）。好奇的含义是："我只知道我什么都不知道。"

好奇背后蕴藏的正面意义是鼓舞好奇者不断去发现新的东西以填补自己以为的亏缺，通过不断升级自己的提问框架以使自己的认知不断提升，从而使自己处在愈是丰盛愈感匮乏的饥渴状态。

对宇宙好奇不算稀奇，对身边小事好奇才着实不易做到。但好奇也可导致人们做出毁灭性的事情（例如，霍金认为招引外星人、制造时空穿梭机和发展人工智能是人类面临的三大毁灭性危险），洞察到这一点同样是好奇的正面意义。

前面说，感恩、好奇与喜悦是所有情绪中最具滋养能量的情绪，也是最能提升人的感知能力和认知水平的情绪。这三种情绪之中，好奇最具提升的能量。

为什么我会对这件事非常好奇?

我的这份好奇最终会给我带来什么?

我为什么对此事一点好奇都没有?

这会使我失去什么重要的东西?

缺少好奇会使我成为什么样的人?

如果只允许我问人生中最后一个问题，我会问什么?

假如我每次提问都被强制换一种问法，会对我产生何种影响?

我这一次的行为，源于自己内在的一句怎样的提问?

14.憎恨

憎恨源于愤怒失效所产生的心理状态，即恐吓对方失效、给自己力量失效、改变自己不能接受的现实失效、改变自己失效。人们对病毒、猛虎、火山所产生的只会是恐惧，而不可能是憎恨。

憎恨的含义是由于潜意识无法接受自己憎恶自己，只好向外寻找憎恨的代理。憎恨的对象有时看起来可能是现实中的某种动物、植物或事物，但其实背后真实的对象永远是他人——自己所选择的代理。

憎恨背后蕴藏的正面意义是指引憎恨者有机会问自己：为

何由我来感受？这是憎恨背后唯一的正面意义。而唯一正确的答案是：上天选择用这种方式让我学会感受或忆起他人被伤害的感受，以减少今后自己可能伤害他人的行为，避免成为他人憎恨的对象。

因此，憎恨的价值便是：自我反省（优化处理自己的经历使之成为财富）、从善如流、疾恶如仇、宽容体恤、人道主义、爱自己（憎恨是不爱自己的客观结果）、救赎他人和自己。

憎恨与嫉妒、困难是所有情绪中最难转化的情绪（若处理不好，则最危险和最具杀伤力），也是最难寻找正面意义与重大价值的情绪。但也正是如此，将憎恨转化为高能滋养内心的情绪极必要、极重要、极具价值。

上天为何选择你来感受憎恨？

在憎恨你的人眼里，你会被描述成一个什么样的人？

你所憎恨的人身上究竟有哪些优点？

你的亲友中，有谁认可你憎恨的人？为什么？

使你获得成长的10个人当中，谁是你憎恨的人？

如果想惩罚一个人，什么办法会比让他一辈子憎恨你更有效？

你正在用你的生命做什么？

15.愧疚

愧疚源于自我反省和觉醒，包含惭愧、内疚、羞耻、遗憾等情绪。愧疚的含义是无法不牵念事情里面没有完成的部分。

这包括几种情况：本以为已经完成的事情里面忽又发现尚有没有完成的部分；在做事情的过程中就已经发现没有完成的部分；回首往事时发现自己竟然在某个时间内没有去做现在看理所应当做而自己当时也能够胜任的事情；对尚未发生的理应做的事情，竟发现自己内心不想做或想做而自感无能为力。

愧疚有完美倾向，愿意尽责尽力，愿意在乎他人。愧疚感维持着一个人的最基本的道德水平，具有在时间刻度上标示着一个人成长轨迹的特征。作恶者通常只会产生遗憾，而不会产生愧疚。隆重而崇高的愧疚感会催生无穷的智慧与力量，因此愧疚背后蕴藏的正面意义是指引愧疚者将愧疚转化为智慧与力量去完成事情。

我所能回忆起来的令自己印象深刻的认错有哪几次？

使我不敢于负责的事情通常会是什么事情？

什么样的愧疚感更能催生我的奋进意识？

我希望我从未经验过的而又特别重要的愧疚感应来自哪里？

我对自己经验过的什么样的愧疚感会感觉愧疚？

16.焦虑

焦虑源于个体的负面体验被眼前情境所唤醒或针对当下与未来产生的超前的意识觉醒，在搜寻解决方向、方式或方法中遇阻而产生痛楚的心理体验，包含郁闷、生气、怨恨等情绪。持续而较强烈地处于焦虑状态，会严重影响工作与生活，对身心健康与成长伤害也很大。

焦虑感是人类的必备生存技能，能够消解冷漠的态度和预防停滞不前的行为，促进个人的社会化和对主流文化的认同，推动人格的发展。

焦虑的含义是希望从人类道义、社会规则与个人能力层面提升自己在事情中的位置与状态。因此，焦虑背后蕴藏的正面意义是指引焦虑者敏感地搜寻和接收内在发出的预警信号，通过事情看清自己的真实处境、自己在系统中的身份、自己在事情中的责任、自己在处理事情中所拥有的资源以及自己处理事情的综合能力。

你在每次焦虑中的收益是什么？

你愿意以焦虑为代价换取什么？

焦虑感是在提醒和告诉你什么非常重要的事情？

焦虑的时刻，若有了什么会让你更有力量？

怎样的能力是你愿意且很容易就能提升的？

什么样的事情更容易使你走出焦虑？

17.兴奋

兴奋源于被唤醒熟悉的美好或憎恶的特殊记忆所产生的较强烈的身心体验，包含冲动、欢喜、亢奋等情绪。兴奋感更多的是身体在检索身体的记忆或类似的记忆，不会通过思考而是直接根据记忆中特别好与非常坏的标签做出强烈的回应。

兴奋的含义是：“它竟然又来了！”“我怎么受得了！”“一定要继续啊！”“快结束吧！”（例如歇斯底里式的癫狂等负面体验）但所有的兴奋都有周期的特点，也正因这一特点才可以被定义为兴奋。

兴奋感不仅严竣考验着一个人的价值观与信念的成色，还检验着他的审美能力、自娱深度与人生趣向。因此，兴奋背后蕴藏的正面意义是给人机会修正自己的内在，并指引感受的方向，使自己增添能力尽快结束令所有人憎恶的或无限延长令所有人感受美好的体验。

我的兴奋感来自何方？

这说明我是怎样的一个人？

他人是怎样感受的？

我需要从中学习什么？

其中的警告是什么？

18.痛苦

痛苦源于个体生理或心理不能接受的心理体验。人类主要以痛苦感标示存在感。痛苦的含义是："我不愿也无法接受。"

但真正的快乐往往是在痛苦后收获的。痛苦让人们感受世界，包括感受到存在的价值和幸福。痛苦和快乐就像龙的首尾，出没在云端里，时而见首，时而见尾；而欲望与认知更像是这条龙的潜意识与意识。

痛苦背后蕴藏的正面意义是感到痛苦的人就是应该做出改变的人。痛苦之处揭示成长之所，告诉人们这里正是应该做出改变的地方。

一种痛苦可以遮盖或医治另一种痛苦，因此痛苦也具有催眠和镇痛的功能，使痛苦者沉沦在自己所选择的那种痛苦感受当中不能自拔。

在痛苦中修行，常常是现实中唯一的选择。不经历痛苦的快乐是靠不住的，甚或会带来不幸。但当确知无力或无法改变自己的时候，正是接纳无力或无法改变自己的时候。

谁痛苦谁改变！

痛苦曾给你带来何种价值？

面对客观的事情，你为什么会选择从主观上感受痛苦？

那些成功或乐观的人是怎样面对痛苦的？

你愿意接受那个认为不能改变自己的自己吗?

19.困难

很少有人知道困难其实是一种情绪。困难源于对价值判断的迷失。人类的任何一种情绪，都可看作是一种技能，其中困难这种技能几乎为所有人所熟练地掌握和运用。

困难的含义是以为需要付出的代价比可以收取的回报更大。因此，困难的积极功能是指引方向，要求清晰地量化需要付出的代价与可以收取的回报。困难背后蕴藏的正面意义是永远给人做与不做的选择权，无形中会迅速增添许多“可以做”的选择。

前面一再说，憎恨、嫉妒与困难是所有情绪中最难转化的情绪（若处理不好，则最危险和最具杀伤力），也是最难寻找正面意义与重大价值的情绪。因此从某种意义上说，转化困难的情绪，也极必要、极重要、极具价值。

我曾克服过怎样不可思议的困难?

那我现在怎样看那些当初觉得不可战胜的困难?

我如何比较每次获得成功的收益与每次付出的代价?

在这件事里，我以为需要付出的代价是什么?

完成这件事，可能的收益是什么?

我的决定是什么?

若面对提问茫然不知在问什么，恰是需要拨开迷雾寻找方向；越是难以回答的提问，越有价值；心里明明已经有了答案却羞于启齿甚至故意躲避思考，正是需要采取行动的时候。

更换信条与宣言，反复呼唤和使用它，会使人快速发生改变。潜意识的特征之一，便是对重复出现的语言和行为深信不疑。

所有的情绪都是对的，情绪不分正负面，情绪教导我们应从中有所修习。所有情绪的背后都有其正面意义与重大价值。其中，感恩、好奇与喜悦这三种情绪是任何人在提升认知中所能遇到的最好护持；憎恨、嫉妒与困难这三种情绪是任何人在提升认知中所能遇到的最大障碍；而有能力将所谓的负面情绪都转化为深深的感恩、浓浓的好奇与淡淡的喜悦，则是情绪获得升华的最明显标志。

所有向外的深度觉察都源于深度自我觉察，而所有向外的深度认知都源于深度自我认知，最终深度自我认知将自动升华自己的情绪。升华情绪并非意味着不再产生令自己感觉不舒服的种种情绪，恰恰相反，而是允许自己产生任何情绪，从中觉察情绪背后不恰当的价值观和信念，加以修正，才能做出正确的选择，从而提升自己的人生价值。

任何人在任何情境下产生的任何一份原始情绪，其背后都隐藏着一份美好的期待和正面的意义。仿佛珠宝放在保险柜里面，我们只是需要知道打开保险柜的密码。

这密码便如同是认知。升级密码，便如同升级认知。

让我们认真体会且积极体验这样的倡议：只有深切而热烈地拥抱情绪的隐喻，情绪的正面意义才会浮现并指导我们的生活。

第4章 用故事穿透障碍

上古的神话故事至今仍被人们所喜爱和津津乐道，说明故事具有穿越时空的力量。不仅如此，今天发生在世界上任何一个国家任何一个角落的故事，只要足够震撼或有趣，一样可以穿越不同种族、不同文化甚或不同意识形态的重重阻碍，引发人们的共同关注、理解和共鸣。

基因与经验决定一个人婴儿时期突触的密集形成，进入幼儿时期之后每一天的经验都在重新塑造大脑的结构，但进入成年时期之后则主要由经验决定基因表达。而经验本身最形象的表达，便是故事。

任何一个人的经历，本质上都是由故事构成的。因此，任何一个国家或民族的经历，本质上也都是由故事构成的。整个世界，完全可以通过故事来了解和探索。未来的本质，就是今天将为明天创造的故事。

但若自己的故事平淡无奇，则无法理解复杂多彩的世界。如夏虫不可语冰。因此，一个人经历的丰富与精彩程度，决定了他认知世界的程度。既然人们是通过自己的故事来理解世界的，那么每个人故事库中有多少故事以及有多少类故事就决定了每个人理解世界的深度和方式。

这就不难理解，当我们无法向对方解释一件事情的时候，往往会给对方先讲上一个故事。因此当我们无法理解对方意思的时候，也应要求对方先讲上一个故事。对话的本质，是对话双方各自故事的交换。我们通过交换各自的故事，来交换各自的看法和意见。因此对话遇到困难或卡住的时候，最好的办法就是从自己的故事库中快速进行搜索，寻找支持继续高效对话的有力证据——某个故事。

每个人的故事库，事实上构成了他理解世界的边界。既然当我们试图理解一件事情时，我们只能通过我们的故事库来理解它，那为什么不在当我们试图拥抱未来时，就在当下创造一个精彩的故事呢？

故事既是人际的润滑剂，又是社会的黏合剂。我们其实是在用自己的精彩而又有意义的故事为社会添砖加瓦，用创造精彩而又有意义的故事的方式为社会做出贡献。今天的世界由不同国家、不同种族、不同文化的人们所组成。什么可以穿透种种障碍联结人们以增进相互的理解以寻求支持或达成共识？是故事。

一个人经历的丰富与
精彩程度，事实上构成
了他理解世界的边界。

通过故事了解人

既然一个人是由故事构成的，那么直接通过故事就可以了解人。

过五关斩六将的故事，能了解到一个人的长处；走麦城的故事，可了解到一个人的短处。

能讲讲你最成功的事情吗？

你认为这件事中最重要的环节是什么？

能讲讲你印象深刻的一次失败经历吗？

现在你怎样看这件事？

主动讲自己的故事，可起到交换对方类似故事的作用。

你知道，我最初是很不擅长做这种事的。但后来发生一件事……

能跟我说说，你是怎样面对这种事情的吗？

夸奖和鼓励，可以引起对方讲自己故事的兴致。

您在业内赫赫有名！我想知道，您是怎样使自己成为专家的？

在您不凡的经历中，您对自己做过的哪件事最满意？

对话中涉及他人，也可以通过故事进行了解。

关于他，有什么有趣的故事给我讲讲？

他做过什么不同凡响的事情？

对自己关心的具体问题，通过故事可以了解得更为详尽。

能给我讲一个您是怎样做人事决策的故事吗？

关于中止执行合同，您经历过哪些特别的事情？

他在任总经理期间曾发生过重大安全事故，能讲讲这件事吗？

能举例说明一下，怎样才能成功说服上级吗？

处理平淡无奇的小事，往往更见真实的本领和功夫。

工作太忙的时候，你是怎样休息的？

如有无关紧要的员工辞职，你会怎样做？

但请记住：任何情况下，都有两句无须任何技术含量而又极为有效的提问——哪怕在因为自己走神而没有听清对方滔滔宏论的时候。

您能举个例子吗？

您讲得真好！现在能给我讲一个故事吗？

为故事赋予新的意义

记忆是有选择的。任何事件，都会被我们赋予意义以便储存在大脑里，一个事件也只有附着一份意义才能被大脑储存。而一个人关注的事情是由价值取向决定的，因此人们注定记不住自己的大量事件。但人们不会彻底遗忘，而是沉睡在大脑里等待出现适合的情景来唤醒。也可以说，一个人的兴趣和当下的需求成为筛选和唤醒事件的大网。

正是从这一意义上说，不做评判地记录见闻成为获得学习者身份的第一要事。有闻必录、博闻强记的人，往往会成为学习专家。不做评判地记录见闻会给今后的自己留下开阔的创作空间，根据种种当下的情景做出大量的种种不同的评判；而评判式的记录则会迷惑和误导今后的自己，难以做出各种富有创见的评判。这如同给朋友介绍一位完全陌生的人，使用充满评判的标签式的语言介绍与使用完全白描式的语言的介绍，后者更有利于朋友开放地认识这个人。

对话中运用故事的重要意义，固然在于讲述者通过故事传递自己真实准确的看法和意见，更在于倾听者为故事赋予新的意义以表达自己真实准确的看法和意见。好的倾听者，能够启发讲述者对自己的讲述内容或讲述方式产生洞见。

你刚才讲的处理安全事故的案例很精彩，充分说明了及时而高效地处理安全事故有多么重要。但另一方面，不也恰恰说明这个公司在安全管理方面存在重大隐患吗?

能否给我讲一个某家公司的故事，能够充分说明这家公司几十年没有发生安全事故的理由?

在一件事情当中，将失败的部分关联到成功的部分，失败的部分会获得方向或方法的矫正，失败的部分会通过被暗示获得能量。同理，一件不够成功的事情，若关联到另一件成功的事情，哪怕不是同类事情，哪怕跨越了时间界限，也会产生同样的效果。

这件事你运筹得非常好！只是在启动阶段比较被动，后面越做越顺利，形成很多宝贵的经验。现在看，启动阶段怎样可以做得更好?

你用朋友妻子的例子来说服自己的妻子并不成功，可你却成功地用这个例子说服了另一个好哥们儿！你觉得性别在其中起到的作用是什么？抑或辈分在其中也会使事情发生不同的效果？记得你曾用奶奶的故事成功地说服过妻子。

仅仅是讲述自己的故事，对自己都有启发或疗愈的作用。那是因为基于当下的难题，在讲述中不知不觉地赋予故事以新的意义。

请讲讲当时你是怎样学会操作这套设备的。

这次试运行升级设备，你准备了哪些应对突发状况的措施?

赋予故事以新的意义，通过特定意义的故事起到隐喻的作用，才是讲述故事的目的。同一个故事，本就存在多个角度的解读，可以赋予不同的意义。哪怕运用相同的语言，却运用意味不同的语调、语气、节奏和肢体语言去表达，故事的意义也会截然不同。

向他人讲述自己亲身经历而又印象深刻的故事，在某种特殊情境下通常更有感染力。但很少有人能够意识到，恰恰是这样的故事需要时常翻新。翻新的方法，便是邀请倾听者向自己提出质询。

你说自己付出极大努力为学院培养催化师但仍然遭遇重重阻碍，那你怎样证明每一重阻碍都是在你付出极大努力之后仍然存在的？

如何能让观望者也躬身入局呢？您与反对者是如何相处的？现在回忆起那些印象深刻的事件或瞬间有何感受？

所有阻碍，它们之间相通的是什么？从这件事中抽离出来，独立观察认同与不认同的关系，您会在自己的价值体系中找到多少条观察、分析、理解这个关系的价值观？找到以后如果再进一步做一个系统性的排列，您会观察到什么？这些观察又会让您与什么产生联结？联结后又会发生什么？再将您的发现用来解构这件事，您会对这件事当中的自己传递什么样的信息？

你如何确认这件事就是学院和老师们自己想要的？

你如何确认自己能够使之成为学院和老师们自己想要的？

假如有一个人可以助你取得成功，你猜测他具备哪些能力和特质？

怎样找到这样一个人？或怎样使自己也具备这些能力和特质？

假设你今天才进入这所学院，你会采取哪些与之前不同的做法？

这些不同的做法对现在的你有何启示？

假如你需要一个团队来实现这个目标，这个团队应该由什么类型的人构成？请描述一下这个理想团队。

如果这件事你在退休之前或有生之年没有达成，世间涛声依旧，历史车轮滚滚向前，那时的你如何看现在的自己？

如果这件事在2035年中国达成远景目标时已完全实现，对当下的你来说应该如何调整让自己爱自己多一点？

如果您把这段经历写成小说，您想用第几人称讲故事？采用直叙还是倒叙？如何设计角色？如何呈现矛盾和冲突？故事的结局如何？如果请您对真实的您和故事中的您各说三句心里话，您会说什么？如果您是读者，要对作者和故事中的您各说三句心里话，您会说什么？

自己亲身经历而又印象深刻的故事其实是人格化的典型经

历，更像是经历的化身或经历的代言。富有成效地翻新此类故事需要他人贡献出有洞见力的提问，合作完成叙述良好的人生“脚本”再重新贮存在记忆中。越多翻新此类故事，越将起到优化经历及改变故事的贮存方式的作用，从而对当下和未来产生积极的投射效应。更多时候，认知的转变要比认知的获得重要。翻新后的故事，往往便是当下将要发生的事情。甚至可以说，未来就是在不断翻新往事的过程中生成的。

讲故事的原则与要点

围绕一个目的做事情，必然需要遵守若干原则。而对话中讲述任何一个故事都是有目的的，因此讲故事也需要遵守原则。

1.讲述之前或至少在讲述过程中要敏锐地捕捉和探询对方对于某些重要问题的看法，以确保故事始终有意地联结那些看法；

2.讲述过程中或至少在讲述之后检测故事对倾听者产生的影响；

3.无论那影响是什么，都应该视这影响是对的，以便使讲述者决定下一步自己要做些什么才会对倾听者产生有益于他自己的效果。

他的看法是什么？因此我需要讲一个什么样的故事？

这个故事对他产生了怎样的影响？

接下来怎样做才会有效？

基于上述原则，讲故事的要点可作如下归纳：

1.不要轻易相信对方所叙述的难题或创伤，而是要探询他是如何将他对某些重要问题的看法关联到所叙述的难题或创伤的；

2.自然也就不要轻易相信自己所检测到的故事对倾听者所产生的影响，而是要进一步反复探询和确认导致那些难题或创伤形成的复杂因素以及难题或创伤对他的未来意味着什么；

3.第一个故事的效果在召唤和校正第二个故事，第二个故事的效果同样在召唤和校正第三个故事，直至看到想要的效果出现。

他是如何形成今天的见解的？

这些见解发展下去会给他带来什么？

此刻他所产生的变化是什么？

故事的叙述方式比故事本身更重要

故事本身固然重要，但故事叙述方式更重要。故事本身对经历者来讲，远不如故事叙述方式对经历者来讲更具深刻的意义。

事件本身并非事实，事件被某种观念过滤或依据某种标准进行解释才会成为事实。如同甲枪杀乙，这是事件。甲杀害乙或甲击毙乙，这才是事实。故事是对事件或事件成为事实后的某种描述，不同的描述对于呈现事件或事实是深具意义的。

事件是不可改变的，但事实可以改变。只需改变观念或改变解释标准，就可以做到。改变观念或改变解释标准的标准是由什么来决定的？这一点至关重要。简单地说，要以成果为导向改变观念或改变解释标准。

我们被他害惨了！他是一个十足的坏蛋。

他深刻地教育了我们，是绝佳的反面教员。

事件本身无分好坏，因为事件总是客观的。

一切客观存在的事物，对于人总是友好的。

如同人类知道某种病毒的存在，对于人类总是一件好事。人类不知道某种客观事物的存在，才是危险的。

通常，一个人脱口而出的反应便暴露出一个人的故事叙述方式。注意对方脱口而出的反应，那其实就是他瞬间为你亮出的身份名片。

早上领导又冲我发火了！简直莫名其妙。

早上领导严厉批评了我，到现在我还没琢磨明白该怎样改进。

创伤或难题的最后形成，本质上在于故事叙述方式的习惯性选择。

由限制性信念所阐释过的故事，必然给人带来最终的创伤或难题。改变自己习惯性的故事叙述方式，不仅是一切创伤或难题的最终解决方案，更是创造新生活的开始。

由此看来，我们任何人经历过的任何事件，都有必要重新检视一下——运用新的故事叙述方式重新检视一下，由此使自己整个过往的经历发生巨大的改变。

通常人们一直只知道想要改变当下甚至想要改变未来（期待出现或不出现某些事情），却不知这一切须从改变自己的过去入手。

听说你有三年时间被边缘化没事可做?

正是有了这三年的时间,我才完成了那本书。

可毕竟没机会做事啊!

但认清了许多人,不是更有利于今后做事?

正值壮年却荒废了三年不觉得可惜?

人的一生,总是且行且藏。这三年,也乘机读了许多书。

生物学家证实,近十万年时间的进化把人类大脑培养成故事结构思考的器官,所以人们通常并不拒绝听故事,甚至可以说更偏爱听故事而不是听道理。故事的本质是一种催眠。所有的沟通交流,其实都是邀请对方进入一个被催眠的恍惚状态。

故事的力量超出了人们所认知的范畴。逻辑可以使人信服,道理可以使人接受,但难以使人愿意立即采取行动。因此当一个人仅仅是在论述观点而没有陈述故事时,听者通常会忙于在头脑中与之争论。即使成功地说服了听者,也只是基于知识层面的填充,令人无法反对或反驳,同时也无法受到感性行为的启发。

但讲故事的效果,终归将由聆听者决定。聆听的深度既考验着聆听者的格局,又由聆听者的汲取能力(学习的速度与质量)

所决定。

聆听有三个层次：

1.自动化聆听，仅凭借个人的认知或喜好进行评判；

2.关闭或延迟评判，运用同理心与好奇心，欲探知多种可能；

3.共创式聆听，基于自己的课题，面向未来构建行动方案。

只来了一个学员听他的课，哈哈！看来他的课不够吸引人。

尽管只来了一位学员，他也照常上课，他是怎样做到的呢？

若换作我是老师或学员，我该具备怎样的素质？

深度聆听者，能够听到洞见性提问，能够将看似无关无用的事物关联到自己，能够使工作和生活中的时时事事都成为学习的机会。

不单单某一事件在不同层次的聆听者面前，会成为不同的故事。更不易令人察觉也相当有趣的现象是：当一个人面对不同的人讲述同一个故事的时候，常常会不由自主地根据对方的身份（NLP中特指价值观、信念、方法论的集成，NLP意为身心交互的语言模式学，由“神经”“语言”“程序”三个英文单词首字母拼成）调整讲述的方式，甚至神态、语调、语气都大不相同，这使得故事传递出来的含义或隐喻效果将因人而异地产生极大的变化——哪怕聆听者一言不发，情形大致都会如此。

这给我们另外一种启示：对聆听者来说，一言不发地运用好自己的肢体语言或微表情，自然就可以影响甚至改变讲述者的叙事方式。很多聪明的家长，其实都无师自通地深谙此道。

可以这样重新表述：一个故事所产生的效应，由讲述者和聆听者携带的两股能量扭结而成——若聆听者众，则由多股能量所共创。

这一现象对讲述者和聆听者都有启示：对讲述者而言，要注意觉察自己是怎样区分听众类型以调整（匹配）讲述方式的；对聆听者而言，则要注意觉察自己将可能怎样被对方区分为哪类听众。

于是，必然会发展出更为令人不易察觉，但细思又令人不禁担忧的现象：家族、社会组织、具有共同文化特征的广袤地区，都会沉淀出相似的人际交往技能（或偏好）、相似的听众区分模式、相似的叙事方式。

叙事方式如此重要，但生活中却很少有人觉察到这一点，或即便有所觉察却未加着意改善和优化。因此，哪怕对退休的人来讲，若想有质量地活着，向内和向外的否定句式都要慎重使用。

我记性不好，总忘事。

我不擅长使用智能电子产品。

我不喜欢看电影。

我没有运动天赋。

我这人是大老粗。

我的病是不会好的。

我早就看他不像是好人。

这件事不现实，不要指望。

他根本就不行。

这社会从来就是这样，人都是自私的。

现代脑科学研究表明，祖先的经验会嵌入和决定一个人的基因表达，而一个人的经验将终生持续塑造大脑的深层结构。优化叙事方式，将深刻影响和改变一个人的心智运作。因此经常且擅长运用否定句式的人，无疑会损伤自己的大脑构造。并且，他的所有否定性信息在固化成为信念之后都会被潜意识当作愿望去努力实现。

随着信息社会的发展，未来更具价值的已不再是信息，而是注意力。我们已经看到，整个世界都在展开争夺眼球的商战，谁能吸引更多的注意力，谁就能成为21世纪的主宰。而自古以来，讲故事就是一种引发注意的重要方式。

人的一生由故事构成，人的命运则由故事叙述方式塑造。

故事既是所遇，又是创造。而故事叙述方式既是习惯，更是修炼。

故事具有本体论的地位，故事叙述方式具有方法论的意义。

第5章 坚持向内推动

5

创伤和难题，大多是不良的心智模式制造的。心智模式是由基本信念与核心价值观决定的、人们运用起来最为熟练的思维技能，用于过滤一切发生在现实中的事件。基本信念与核心价值观主要形成于经历，是对经历的深刻反思和集中沉淀。

其实，心智模式最令人难以理解的部分是无数的内在假设。这些内在假设傲慢得仿佛先验一般存在，无须出示证明便雄踞主人的宝座。假设无关对错，只待效果来验证。人们只根据验证结果，决定是否继续使用这些假设。经多次验证而准确无误的假设，便发展成为真理。因使用起来更加快速方便，无须瞬间的思考，因而人们更乐于经常使用假设。在一个人的无数假设之中，那些无效或低效的内在假设源于不正确的基本信念与核心价值观，成为不良心智模式的内核。

因此，解决创伤和难题的根本途径，就是坚持向内推动。改变自己，是一个人与世界进行有效互动的基本方式。

更多时候，向内行走才是真正的修炼。

向内行走，才会向外绽放。

看向自己

人需要了解自己。为什么要了解自己？因为人是通过自己看向世界的。若要了解世界，首先需要了解自己。

了解自己，需要时时看向自己。对自己的认识如果混沌不清，对世界的看法就不可能符合实际。

老子说：“知人者智，自知者明。胜人者有力，自胜者强。”了解自己，才有可能不断地完善自己。通过更为完善的自己看向世界，世界才会在眼前愈加鲜亮和清晰。

但真正地了解自己很难。尼采说：“离每个人最远的，就是他自己。”何况人总是处在不断变化之中的，认识自己其实需要一生的时间。

认识自己的有效办法：

1.多听各种不同的声音。正如中国古人所说："兼听则明。"

2.反省自己。就像曾子所说："吾日三省吾身。"

看向自己最重要的着眼点：

1.我的长处是什么？

2.我最想要的是什么？

3.两者是怎样的关系？

自我觉察与自我认知最核心的部分是了解自己的长处。取长补短更多的是指均衡发展，甚或是使自己不至逾越社会和所在组织的规则与底线；而造就突出成果只能来自特长，所以不断地取长补长才是快速提升个人价值和组织价值的主要途径。

引导对方看向自己的长处，一向是对话最具建设性的部分。

你坚信自己有什么天赋？

一直以来你是怎样使用这份天赋的？

你最大的长处是什么？

这使你取得了什么样的成果？

你的领导认为你最突出的才能是什么？

家人或朋友是怎样评价你的？

现实中影响你发挥长处的因素都有哪些？

补哪些短处可以使你的长处更长？

到现在为止，你怎样评价自己的长处？

未来你希望自己获得人们怎样的评价？

引发自我觉察与自我认知最核心的能力是反思的能力。通常人们只是从操作层面反思自己的具体做法，但更加重要的反思其实是指向自己的动机和价值观。所以，不断地询问动机和价值观才是快速提升自我觉察与自我认知能力的主要途径。

引导对方看向自己的动机和价值观，才是对话最有意义的部分。

抛开这件事不谈，你认为人生中什么最重要？

那你人生中最想要的是什么呢？

它能够给你带来什么？

这又可以使你得到什么呢？

那你最在乎的究竟是什么？

关于这件事，你的初衷是什么？

这份初衷源于你怎样的动机呢？

那么，这件事值得你去全力以赴吗？

你现在的决定是什么？

任何人都有缺点甚至先天的缺陷，过分注意这些会耗散人的能量。最好的方法是接纳自己的缺点、缺陷或诸多不完美，慈爱而警觉地观察它们。补短板可以使人少犯低级错误，但难以获得优势。只要这些缺点、缺陷或不完美没有使自己突破社会或组织的规则与底线，就完全可以放心地将精力与时间放在照顾和提升自己的长处方面，使长处更突出。唯有长处，才是一个人获得成就的最为实在而可靠的理由。

正确地归因

学会正确地归因，首先要从心理层面解决不良的习惯和倾向。

向外观察他人的失败或挫折，人们常习惯于内归因。

他没有做好这件事情，是因为能力不行。

这件事他没有完成，是由于缺乏动力。

向内观察自己的失败或挫折，人们常习惯于外归因。

我没有做好这件事情，是因为缺少他人的配合。

这件事我没有完成，是大环境不好导致的。

向外观察他人的成功，人们常习惯于外归因。

他这件事情做得好，主要是由于领导很支持。

这件事他完成得很出色，是因为大家配合得很好。

向内观察自己的成功，人们常习惯于内归因。

我这件事情做得好，主要是因为我很努力。

这件事我完成得很出色，是因为我的专业能力很强。

人们更容易通过评判他人来评价事情，这也就能解释优秀的人常有就事论事的习惯。人们通常很难注意到事情本身的因素，例如事情发生的情境。其实，离开情境就不可以谈论事情。抛开情境谈论事情是没有意义的。抽象地谈论事情，无助于任何事情的解决。可以说，离开情境，天下就不存在任何事情。

另外，人类在同一时间内能觉知到的信息是有限的。人的大脑偏向于较少消耗能量的选择，选择评判他人较之探询他人做事的情境更为省力，因此评判他人是大脑的首选。而解释自己的行为时，由于对情境十分熟悉，大脑选择起来也不费力，就会自然而然地陈述情境。何况，人性本具推过揽功的思维倾向。

脱口而出的不同反应，瞬间亮出的恰恰正是同一故事的不同叙述方式。归过于外，是大多数人的反应；察过于内，却是少数人的反应。前者将自己迅速打扮成受害者，以开脱应负的责任；后者承认某些部分自己做得不好，同时愿意体谅他人的过失。

谁这么缺德扔香蕉皮，我怎么这么倒霉！

谁这么随意扔香蕉皮，我怎么这么不小心！

对习惯归过于外的人，应制造察过于内的对话效果。先探讨客观的部分，再探讨主观的部分，最后聚焦于改进的部分。

现在大家都知道这件事的结果很不好。

我也是有责任的。

我也知道你遇到很多困难。

其实你在有些环节做得还是很不错的。

现在说说，过程中你是怎样做的？

那时候，你是怎样想的呢？

看来这里才是症结所在，你觉得呢？

你看接下来我们应该怎样做才能弥补损失？

很好！你觉得还应做哪些改进呢？

今后怎样做才能够预防此类事情的发生？

现在，你的结论是什么？

学会正确地归因，除了首先要解决不良的心理倾向之外，更重要的是要摆明全部的现象，彻底澄清问题究竟是什么。人们很喜欢直接讨论原因，并且常常把原因与现象混为一谈。

所摆现象，必须是可观察到的现象，而不是来自主观臆测和推论，且应尽可能穷尽所有现象。过程中要坚持目标导向，因为有可能不需要处理眼前的问题。目标既应具有现实性，更应具有挑战性。

到底都发生了些什么？

你确定已经穷尽现象了吗？

你是如何知道这些现象的？

这到底是一个什么样性质的问题？

我们到底需要从这个问题的解决中得到什么？

当从客观层面弄清现象之后，才可以连续追问深层的原因。

显而易见的原因都有哪些？

其他可能的原因呢？

深层的原因是什么？

这背后的原因又是什么呢？

那又是什么导致的呢？

这又是因为什么？

你认为根本的原因到底是什么？

过程中要敦促对方用好奇心来搜索可能遗忘的信息，找出他以为知道但不熟悉的地方，从而思考如何改善对“早已知道”的事情的看法，建立新的因果关系。

你是如何知道这个因果关系的？

有什么证据可以论证这个因果关系？

所有的原因都能调查确认吗？

你认为可以剔除掉哪些不相关的原因？

为什么说它们不重要？

导致这些现象发生的最重要的原因有哪些？

为什么说这些原因很重要？

将找到的那些重要原因逻辑化、系统化非常重要，按轻重缓急排队，以此确定解决问题的先后顺序。必须基于事实和缜密思考确定因果关系，而不是基于常识。用好奇心探索它们之间可能存在的关系，勇于提出新的假设。

还有其他可能性吗?

存在因果颠倒的可能性吗?

凭直觉，你感觉这个因果分析如何?

这些原因消除后到底能在多大程度上解决问题?

那你怎样证明?

这些原因变化趋势如何?

让那些不重要的原因继续存在，会发生什么?

你怎样把这些重要的原因转换成目标?

目标再提高一些会怎么样呢?

所有目标都实现后会得到什么呢?

为了得到这些收益，还有什么其他途径?

学会正确地归因，永远是解决难题或治愈创伤的第一步。而找到真正原因、重要原因和根本原因的过程，往往等于更加精准地确认了目标甚至是直接收获到很多更加落地的措施。

激发好奇心

认知自我是认知世界的基础，而认知自我与认知世界都需要强烈的好奇心。前面说，好奇是一种情绪，其本质是探索未知的欲望。拥有好奇心的人更具创造性，也更易发展出各种能力。

激发对外部世界的好奇心，是对话的秘诀之一。

我有一间实验室，可以借给你用！我带你去看看？

可他竟然失败了！你想知道为什么吗？

做好这件事将获得巨大收益，想了解一下吗？

以你的实力刚好可以接手这个项目！

战胜他，你将登上一个新的台阶。怎么样？挑战一下？

简单地说，好奇心有三个层次：

1.对不知道的，能够问："这是什么？"

2.对知道的，能够问："如果我是错的，那什么是对的？"

3.对不知道的和知道的，都会问："究竟还有多少种可能？"

这件事很有趣，你想知道吗？

你觉得这件事与你没有关系，可你怎么知道未来不会产生关系？

了解这件事，你会有什么损失吗?

怎么肯定你是对的?

假如事情不是你想的这样呢?

万一不是这样，你打算怎么办?

每件事都会有很多种可能，对这件事你已知多少种可能?

做好一件事情可以有很多种方法，你想知道其他方法吗?

为什么不多设想几种可能?

对自己的内在产生好奇，才可能使人有机会真正认知自我。创造出让对方对自己的内在产生好奇的空间，是对话最重要的秘诀。

早在100多年前，人类就发现人体的三个主要神经网络：头脑、肠道、心包神经元簇。通俗地说，人有三个脑：头脑、腹脑、心脑。头脑主策划与行动，腹脑主质疑与安全，心脑主愿景与目标。

一个人的内在，装满了过去。由于头脑整天忙于应付当下的各种头绪，而出于安全的考虑，腹脑中几乎全是苦味的记忆。因此简单地将过去投射到当下，会产生焦虑；直接将过去投射到未来，会产生恐惧。但这些都不是生命的真相。

生命的真相只可能是爱、接纳与慈悲，人们只能通过觉性与智慧去发现生命的真相。让头脑静下来，就可以探知人本具足的觉性与智慧。觉性与智慧，深埋在潜意识里。但潜意识很害羞，最怕吵闹。发掘人的觉性与智慧，只能通过各种事物。倘若有爱、肯于接纳、有一颗慈悲的心，那我们便可以在所有事物里安顿自己，从而获得宁静的感受和美好的体验。爱、接纳与慈悲可以在任何地方与任何时刻显现。可是，人们的理性却总是习惯于把过去的感受和体验投射到当下或未来，因此爱、接纳与慈悲便没有机会鲜活地显现。爱、接纳与慈悲从不属于过去甚至也不属于未来，只可能属于此处此刻。

而意识更像人的盔甲，使人觉得安全。抱怨是意识的标配，是它示现的符号。然而排斥念头就是在强化念头，接纳的态度才会使念头放松下来或自动消失。没有什么念头是要清除的，它只需要看见、接纳、包容、谅解、同情。只要它被呵护，就不会发展成为问题。它是人的一部分。只有你自己才能宽厚地对待它。

创造出让对方对自己的内在产生好奇的空间，要点有三：

1.看见。把对方的情绪或思绪带到表面上来，使之显性化，也让他自己看到。

2.陪伴。陪着他，给他时间，允许他慢慢感受这份升起来的真实情绪或思绪，进入到那些压力、焦虑或愤怒的中心，鼓励他辨认究竟身处何处、究竟发生了什么。

3.感受。请他进入当下时刻，请他打量四周，询问他在此处此刻的感受，不断询问那感受背后的感受或那感受带来的感受。

当对方进入当下，使他认清最初那情绪或思绪不过就是一个坏习惯而已。请对方抽离出一个自认为恶意的自己，与之对话。当他深度聆听自己内在对话的时候，就能够跳出创伤或难题的掌控。

看见自己，是很有挑战的事情。

很多人常说："道理我都懂，我就是做不到。"其实，他并不懂。他只是知道，而没有懂。或他只是没有理由反驳。真正的懂是体验到，并愿意相信。

对每一个人来讲，生活中发生的每一件事都是疗愈和觉醒的机会。即王阳明所谓"在事上磨"，这才是探知生命真相的正道。

变换时间线

20世纪70年代，美国学者理查德·班德勒和约翰·格林德尔创立了一门学问，简称NLP，即“神经”“语言”“程序”三个英文单词的首字母，可以意译为：身心交互的语言模式学。

NLP是对人类主观经验的研究，其灵感来自班德勒为著名家庭治疗大师维吉尼亚·萨提亚整理工作坊录音时发现的萨提亚独特的语言与行为模式。后经数十位学者对不同行业卓越人士的行为和语言进行研究，迅速发展出一套通过模仿成功以改变身心交互模式的技巧。

如今，NLP被广泛应用于培训、企业教练、心理治疗等方面，通过修正和重新设计身心交互模式，使人获得更大的灵活度，被证明效果强大、快速而含蓄，能形成广泛和持久的改变。

NLP认为，人脑中对于所有的记忆和面向未来的思考都有时间编码，调动记忆或面向未来思考时在眼前所显示图像的方位通常是与习惯性肢体动作相关的。一般来说，习惯用右手的人，所调动出来的记忆图像位于左边而未来图像位于右边（例如问他养的宠物长什么样子，他会望向左边思考，而问他外星人长什么样子，他会望向右边思考）；习惯用左手的人，图像显现的位置则正相反。愈遥远的过去或未来，所显现的图像距离鼻子愈远；当下的图像，则显现在眼前的位置。也有人的时间线贯通自己，未来在前方，当下在眼前，过去在后方。少部分人的时间线在未经整理前是模糊的，甚至是混乱的。

运用时间线进行对话，效能十分强大。

对所有人而言，时间都像一条线，从过去至当下再向未来。

这条线上有许多结，每个结都代表一件事情，那是大脑为便于储存和回忆而打的结。当然并不是所有的事情都会打结，大脑只为有意义的事情打结。因此，人的记忆从来都是有选择的。

时间线的本质是大脑对过去、当下和未来所发生的事情进行方向上的编码。无论什么样的事情，本质都是主观体验。因此，时间线是一个稳定的心智结构，是一套内在记录事情的心理程序。时间线忠实地为一个人的经历进行描述，有些是写实，更多是歪曲。时间线上的结点，就像一个人的大事记略。潜意识所记忆的事情，也在时间线上面，且占据绝大部分结点。意识所记忆的事情，仿佛一个人的历史通俗读本。潜意识所记忆的事情，则是秘史。

可以这样说，所有运用时间线的对话都不可能没有重要意义。

首先要观察对方的时间线方向。

你养过宠物吗？

能将它画出来给我看吗？

回答事实类问题时看向左方且用右手画，或回答事实类问题时看向右方且用左手画，通常都说明获取的这两条信息是相符的。

你觉得外星人会长什么样？

能画给我看吗？

回答未来类问题时看向右方且用右手画，或回答未来类问题时看向左方且用左手画，也大致说明获取的这两条信息是相符的。

前后方或混乱的时间线，也可以通过类似的方法获知。

结合时间线，围绕事件可探知对方的心智结构与心理编程。例如确认问题发生的时间，追根溯源，会促动对方回忆甚至产生觉察。

你何时开始发觉这个问题？

之前出现了什么异样的情况？

问题发生之前，你每天是怎样度过的？

现在如何做才能找到那种状态？

确认问题发生之前的状态，会使对方忆起美好时光，找回熟悉的成功路径，恢复信心。但获取信息后，还需要反复确认信息。

你预感假如这件事任其发展的话最终会是什么结果？

那你觉得接下来会发生一系列什么样的事情？

强制干预的话，你会怎样做？

你认为理想的结果是什么？

前面说时间线忠实地为一个人的经历进行描述，有些是写实，更多是歪曲，其实这些歪曲也是歪曲者自以为在写实。如果不能看清对方对哪部分进行了歪曲，对话将难以继续。之所以会歪曲，几乎完全是数次基于不同目的或在不同情境下的回忆造成的。所有的回忆都会歪曲事实，歪曲的程度取决于回忆的次数。

你有多少次回忆过这件事？

第一次是什么原因使你回忆这件事？

第二次又是什么原因使你回忆这件事呢？

现在你怎么看这件事?

那跟我说说，当初这件事是怎样发生的?

既然一个人时间线上的结点就是这个人的历史，而书写历史总有逻辑、框架、章节可循，那么觉察到这部分就可探知面向未来的高效对话的意义。

凭直觉你预计会发生什么?

结果发生了什么?

现在你认为这是一件什么性质的问题?

能跟我说说到底发生了什么吗?

还有呢?

获取初步信息后，还需要反复确认信息。

分辨问题在不同时段出现的频率和强度，对方将不再只是担心或恐惧，会愿意寻找与问题周旋的方法。

这个问题经常出现在什么时候?

什么时候这个问题并不出现?

什么时候你最有力量面对这个问题?

什么时候让你感觉束手无策?

设想解决问题的时间，会帮助对方产生相信的力量，去调动资源集中解决问题。

假如终有一天会处理好这个问题，你觉得会是在未来的什么时候？

你做些什么，那种时刻才会早些到来？

前面讲，时间线上的结点，就像大事记略。意识所记忆的事情，仿佛通俗读本。潜意识所记忆的事情，占据绝大部分结点，像是秘史。调阅秘史的意义，就是使对话能够精准高效地进行。

你的东西已经两天都不见了吗？没关系，我有办法能使你找到。

请闭上眼睛，深呼吸。

回忆一下两天前的情景，像放电影一样，一幕幕发生的事情。

好了！睁开眼睛！

凭直觉，你觉得物品可能在哪里？

找到了吧？你的意识不记得，不等于潜意识不记得啊！

但真正将时间线运用出神奇的效果，是变换对方的时间线。

你总是犯相同的严重错误，我猜测是时间线出了问题。

啊？什么是时间线？

我问你，你的过去在上下左右前后的哪个位置？

后面。

这就难怪了！好的，从今天开始，将你的过去调整到你能看见的位置。坚持一段时间，然后告诉我效果。

怎样调整？

任何时候，只要有时间，就将过去的一切事情都从后面调整到你想调整到的位置上去观察，细细地观察，养成习惯。

……

真是奇怪！这半年再也没犯过那样的错误！

没什么好奇怪的，因为已经发生的一切都在你的观测范围之内。

一个人从前的经验会决定他为人处事的取向和模式。通过引导让对方穿梭于自己的过去、现在与未来的时空，就可以在短时间内改变一个人记忆中的重要部分，从而使这个人的性格有一定程度的改变。

你从少年时起就很怕蛇吗？没关系，我有办法能使你不再怕它。

最初是什么引起你怕它的呢？

那在之前，你有点怕又比较不怕的东西是什么？还有呢？

那回忆一下当时这些事情带给你的感觉吧。

在怕蛇之后，你有点怕又比较不怕的东西是什么？还有呢？

那回忆一下当时这些事情带给你的感觉吧。

请闭上眼睛，深呼吸。

将所有这些怕的事情，像鞭炮一样一个一个地立起来。

从第一个开始燃放！然后第二个，第三个……

好了！睁开眼睛！

感觉如何？

不那么怕了吧？这些事情都是相似的，没什么特别。

有点怕，使你保持警觉；不那么怕，使你开心生活！

所有的创伤与难题都是相似的，它们只能基于一个人的基本信念与核心价值观才能产生或被感知。第一次的、相对不太痛苦的创伤与难题，只要找到并处理它，整条连锁的创伤与难题也会随之得到处理，其中最可怕的创伤与难题也会跟着降低可怕程度或干脆消失。

人体是有记忆的。当带着未解决的创伤与难题的时候，哪怕自己以为已经忘记，身体都会记得。当类似的情境再次出现的时候，情绪可能会爆发。例如在街上被别人轻轻碰到，也会大发雷霆，控制不住自己的情绪，这就是积压创伤与难题的结果。

你也觉得莫名其妙为什么自己会这样？

类似的情境还发生在什么时候？

再早一点，追溯到儿童时期还发生过什么类似的事情？

释放那些曾经被压抑的情绪让它得到处理，相应的潜意识部分才会得到释放，才能恢复正常的理性思维。任何时候闪出的念头，都是潜意识在敲门预警，提醒人们应该看见或释放什么。

因此变换时间线最神奇而有效的部分，其实是重新设定大脑对过去、当下和未来所发生事情的编码方式。这当然包括改变故事的叙述方式。通常人们都认为过去是不可改变的，其实并非如此。无论大脑回忆什么样的事情，本质上都是在调取大脑所刻录的主观体验。

当大脑对事情的编码方式被重新设定、故事的叙述方式被改变的时候，所有主观体验都会被改变。当所有主观体验都被改变的时候，一个人的思维方式与行为方式必定会随之改变。那么，之前他所拥有的创伤与难题也会被改写甚至消失。

你觉得无法控制自己去那样想吗？

没关系，我有办法能使你不再那样想。

请闭上眼睛，深呼吸。

请想象自己的过去不是在左方，而是在右边。

然后像放电影一样，把所有相关的情境都放映在右边。

再想象自己的未来不是在右方，而是在左边。

也像放电影一样，把所有想象的未来的景象都放映在左边。

好了！不要睁开眼睛！记住，这就是你今后对时间位置的感知。

今后要一直使用这样的时间位置，去放映你的过去与未来。

几个月后，看看你的生活会发生什么变化吧！

总之，如果一个人变换自己的时间线就相当于重新设置自己的心智结构，就是在改换一套不同于以往的记录事情的密码。使用这套结构和密码，在记载和描述自己的经历、在新的时间线上打结记事的时候，会产生令他意想不到的效果。使用这套结构和密码，使他经常地与自己的潜意识沟通，探询潜意识所记忆的秘史，更有利于他将命运掌握在自己的手里。

不管怎样，时间线都是在忠诚地记录潜意识所关心的问题。变换时间线，就是解决潜意识所关心问题的重要方法。

第6章 在开放中聚焦

将创伤与难题放在开放的背景中去观察，再放在聚焦的位置上去寻求解决，这几乎是化解一切创伤与难题的基本路径。

但是，开放与聚焦是需要交替往复进行的动作。

每一次的开放，都是为了更好的聚焦；而每一次的聚焦，又会带来更为宏阔的开放。仿佛进入宇宙深处或分子结构内部，层层叠叠总有许多空间存放着许多神奇之物，值得我们始终抱有好奇心与探索之心。

先为创伤或难题命名

在开放中聚焦，第一件事情就是为创伤或难题命名。孔子说："名不正则言不顺。"重新为创伤或难题命名是必须耐心做好的事情。

他真是一个麻烦的人！

何以见得？

总是多事。

你是想说，他是一个多事的人吗？

也不是，他总是提出很多特别的想法，显得事多吧。

你是想说，他是一个想法特别的人吗？

好像也不是，他做事比较过火，让人觉得他想法特别。

你是想说，他是一个经常热情过头的人吗？

差不多吧！

哦，那在我看来倒是一个挺有趣的人。

通常人们会看到一个颇为神奇的现象，将问题命名成什么，就会从中不断地发现什么，不断地招引什么，源源不断地印证什么。

最初，人们往往根据自己直接感受到的情绪来命名。重新命名的时候，才会追寻情绪背后的意义；如果再三耐心地寻找更恰当的名称，则会朝向解决问题的方向思考。

像他这样经常热情过头的人，跟其他也经常热情过头的人相比，究竟有什么不同呢？

那你更愿意怎样形容他？

反复地重新命名，其实就是聚焦（或调焦）的过程。如此，才得以使拥有难题或创伤者不再将局限于对个体的认知泛化到对更多人的评判当中，也不至于发展出干扰自己判断的、粗放的认知模式。

因此，重新命名需要在开放的视界中进行。

海德格尔所谓的“应手之物”，显然不是从三维空间提出来的概念。但用于形容以某种工具为中介与世界互动，还是很有创意和实际意义的。例如智能手机，今天已经是每一个人认知世界的“应手之物”。

如果能够运用“应手之物”这一概念于艰难的对话，其实正可以使对方的难题或创伤外化于某种概念或事物，这便是开放的手法。

他们总是歧视我！

你说的“他们”是谁？

同事。

如果用动物作比方的话，你觉得他们很像什么动物呢？

开放的效果，是邀请对方更换维度去回答他自己提出的问题。那些新的思考空间总会容纳或异化对方脑海中对于事情的评判。将难题或创伤迁移到任何其他事物上去的结果，便会得到新的思考空间。

当然，创造“应手之物”的方向也可以是对方自己。

被歧视的时候，你觉得可以用哪一个词来形容自己呢？

哈！我有时候也会出现你所形容的这种情况呢！

既然人人都可能如此，那又有什么不可接受的呢？

或者现场选取一个真正的应手之物。

如果从身边物品中选一样代表他们，你觉得这支铅笔可以吗？

现在请你把这支铅笔折断，对！干得好！就是这样。

现在感觉如何？

会不会觉得这样对待一支铅笔有一点可笑或可惜？

在中国民间，自古就有过类似的做法，正式一点的还要设坛。将某些东西写在纸上，然后烧掉。现代人当然也可以将某些东西画出来，用夸张的笔法画出来，贴在墙上，与它相处，欣赏或嘲笑。烧掉、欣赏与嘲笑都是一种处理方法，使问题不再那么难以解决或使其直接消失。

将问题放在关系里，会使问题因拓宽开放度而显得更有张力。

我这本新书也是被逼出来的。从正面说是写给懂专业的人看，从反面说是写给不懂专业的业内人士看。所有逼你的人都是贵人。

书也是一种表达方式，慰藉自己，影响他人。接不接受是别人的事情，写不写是自己的事情。贵人只是帮你完成了某种情绪的转化。书出来了，无声胜有声。天地在内，不在外。

开放，还可以通过创造出足够使人意外的空间而获得。

因为有你的培养，儿子一定是学霸。

其实从他出生，我和他的妈妈，还有他的爷爷奶奶就共同采取了惯养的策略。事实证明这个策略是有效的，后来看几乎是唯一的。

怎么惯养呢?

就是从来不对他说“不”字，他想做的任何事都同意他做，但实际上还是有一根线无形地牵动他。有些时候我们也要付出一定代价，但是我们权衡了一下这代价，比可能发生的损失要小很多。

能举个例子吗?

有一次，他放学回来说要对付物理老师！我就撸胳膊挽袖子，动作有一点夸张。这个夸张的动作，就是那根无形的线。

哈哈，这个故事好！可以介绍给大家你的经验吗?

印象中我只去参加过一次家长会，老师要求家长们相互介绍教育孩子的经验，我没有发言。老师问：“为什么不发言？”我说，经验介绍出来会伤害到别的家庭。家长们问：“为什么会伤害到别的家庭呢？”我说，因为我不知道你们的孩子有没有被惯的抗体。我就介绍了我的这个经验，果然大家说不可学。

你培养孩子的方式跟我爸妈的方式截然相反。

截然相反，未必是错的，主要看孩子。

嗯，我觉得每个孩子来到世上都是各有使命的。比如现在，我跟我妈说，我想吃啥，十次有九次不同意，我就得自己琢磨做着吃。

哈哈！多好的结果。

我妈是我的贵人。多次以后就习惯了，自己动手丰衣足食。

从结果上看，就能感觉到妈妈的方法对头。

现在我妈弄电脑弄手机啥的，不知道咋弄了，我就不知道我是不是该不告诉她，让她自己琢磨，多次以后自己就会了。当然这是心里想的，没敢这么做，每次还是得我帮她弄。

老年人弄手机和年轻人做美食是不同的事情。

为什么是不同的事情?

因为你年轻，正是学习最快的年龄。何况将来你也会是老年人呀，防患于未然起见，所以你不能借鉴父母的方法。

我喜欢你这样强词夺理，让我知道应该怎样对待母亲。

对话中，可以多次创造出足够使人意外的空间，从而获得更高的开放度，使自己的问题得到关照，会聚焦到更具体、更容易解决之处。

很多时候，带给对方的开放会使对方回馈给自己别样的开放。这份惊喜会使对话升级为双向的疗愈，这才是最为高效的对话。

怎样才能最快地获得成长？

你知道我是怎样做的吗？默默地向身边的一位同事学习。

身边的那个人知道吗？

他不知道。不但他身边的人对他估计不足，甚至连他本人也是如此。

哈哈！这很有趣。

话说回来，我跟他同事多年，前些年仍然也是对他估计不足。

你有没有想过，对一个人的估计永远不足？

啊！这太开脑洞了！

你想到了什么？

每个人对自己的天赋估计不足才是人生中最大的风险。

最后一点，要深知确认意义的重要性。

在对话中，每获取一些信息之后，都应与对方确认意义。

当你同意这一方案的时候，你觉得这说明你想要的结果是什么？

你经常咨询之前的上级，这说明你的职业生涯中最需要什么？

你的这一行动，证明了你的什么样的价值观？

这说明你与他之间的关系是什么？

这件事在你人生中的意义是什么？

你一再关切这件事，这代表你很看重什么？

为了做好这件事，你愿意付出什么？

你这样做是基于什么样的假设？

你达到你的目的了吗？

谁会受到重要的影响？

再过若干年，你会怎样总结这件事？

这样做，你内心是快乐的吗？

出现什么情况，会使你不快乐？

做好这件事会帮助你达成什么样的人生目标？

坚持这样做下去，最终会使你成为什么样的人？

确认意义的重要性，不仅体现在可以继续获取准确的信息，更重要的是可以使对方不断产生自我觉察，从而校正谈话的方向、口吻和内容。

善用“如何”与“怎样”

在对话开始的时候，运用“如何”与“怎样”进行回应，将迅速聚焦于事情的具体起因及具体细节。

当时他说了怎样的话，你才发火的?

接下来你是如何做出反应的呢?

在对话进行到中间部分，运用“如何”与“怎样”进行回应，将迅速聚焦于事情里应发生却未发生的重要细节，从而促动反思。

当时你怎样回应他才会使事情不至于恶化?

那时候他如何做你就会同意呢?

在对话结束的时候，运用“如何”与“怎样”进行回应，将迅速聚焦于事情的意义，进而促进思考未来的行动。

这将使你们今后如何看待对方?

将来你会怎样管理此类危机?

在时间紧迫的对话中,往往只需简单地运用“如何”与“怎样”进行回应,便能够毫不费力地推动聚焦。

所以,这份纠结使你对自己产生怎样的看法?

那么,如何检视这份愧疚才能使你认清自己未来努力的方向?

所以,其实忧虑是在提醒你应该采取怎样的行动?

这份困难的背后,意味着你需要付出怎样的代价?

所以,这份恐惧是如何说服你它真的是很可怕的呢?

当对方进行空洞的描述时(这是对话中最为常见的现象),在回应中运用“如何”与“怎样”,同样能够推动有效的对话。

他不喜欢,那么他当时是怎样表达的呢?

你认为那件事很失败,你是如何得出这一结论的呢?

你说不欢而散,这对你们之间的关系产生了怎样的影响呢?

既然要加强合作,将来双方会如何迈出第一步呢?

争取外部的支持固然很好,你希望首先得到怎样具体的支持呢?

可以说，只要回应是中正的、没有倾向性的，那么在对话的任何环节或时刻运用“如何”与“怎样”都不会产生负面效果。

调动更多选项

能力的本质是拥有更多选项。

任何人的一生，都可以用“做事情”这三个字概括或形容。做事情，首先是选择做哪些事情，选择的标准是有价值的、正确的事情；其次是选择以怎样的方式做，选择的标准是有效的、正确的方式。

选择做哪些事情，检验一个人的价值观和原则性；选择做事的方式，检验一个人的方法论和灵活性。

无论是选择做哪些事情，还是选择如何做事，归根结底都考验着一个人的智慧。当一个人只有一个选项的时候，他别无选择；当一个人只有两个选项的时候，他会左右为难；当一个人具有三个以上选项的时候，他才能学会选择。

在对话中调动出对方更多的选项，需要灵活。

在多数人看来，灵活是一种态度。

其实，灵活是一项能力。

在处理任何一件事情上，不同的人总会有相同的选择，相同的人也总会有不同的选择。这没什么好奇怪的，这恰好证明灵活非由态度而由选项所决定。灵活的本质是拥有更多选项而态度不变。

灵活并非靠出卖态度和原则才能获得。

靠出卖态度和原则以图圆变或转圜，那不是灵活而是背叛。

对自认为不够灵活的人来讲，允许自己拥有更多选项是获得灵活的开始。但彻底地讲，获得灵活靠大量的实践和刻意练习。因为，灵活是一项能力。一切能力的提升，只能靠习得，无法靠得知。

人生是选择的结果。

能力的核心是选择的能力。

能力强的象征与标志，是面对事情时选项多。

获得灵活，需要遵循以下七项原则。

第一项原则，廓清问题与人的界限。

很多时候，廓清问题与人的界限比着手解决问题更重要。面对事情，最大的灵活不是采取解决的态度，而是采取认同的态度。前者，是认同对方本身有问题；后者，是认同对方本身没有问题。显然，后者更有力量。认同对方本身没有问题，才有可能廓清问题与人的界限。

也就是说，基于同一对话情境下的回应，将面临以上两种选择。

你这样做是不对的。

在那种情况下选择采取这样的行为，通常不会有效。

将人本身视为问题或问题的一部分，有责备对方主观意图或深层动机的嫌疑。只对行为与行为带来的效果说话，才有可能使对方冷静下来，获得理性思考的机会。将问题视为一种行为选择的后果，只将对方放在做选择的位置，才能创造出从客观层面进行对话的空间，从而促动对方思考如何重新做出选择。

我感觉你一直使自己处在焦虑的状态，是这样吧？

你遇到的难题一定很多，能跟我谈谈其中的一件事情吗？

将人本身与问题视为一个整体，并要求对方也这样看，无形中会带给人压力。将问题视为外部的存在或际遇，同时将对方也同样放在客体的位置，创造出抽离的空间，选择从一个具体的事情入手进行探讨，更有利于推动有效的对话。

你有没有想过，在这件事情上，是你自己的判断准则出了问题？

在这件事情上，其他人的判断准则是什么？为什么？

直接评判对方，选择从人的内在找问题，会使对方产生不舒服的感觉，甚至遇到抵抗。选择先从人的外在找问题，不仅使对方视野更宽阔，钩沉出更多的信息，还会使对方自然地看向自己与问题的关系，更轻松地投入讨论，从而产生对问题的深度思考或向内的自我觉察。

你总是打断他人的谈话，这不好。

你急于表达想法倒没什么不好，只是你觉得效果如何呢？

试图寻找人的缺点和错误，并将行为视为人本身，是无法廓清界限的。将问题放在人之外，肯定其动机，只将行为放在效果之内考察，才会使对方放松地做其他选择。

你这样做是想突出自己吗？

你这样做会使人认为你是想突出自己。我很想知道，你的真实意图是什么呢?

预设对方的动机，并强行要求对方做出解释，显然不妥。将行为视为特定时间和特定情境下的选择，使对方看清自己那时的动机，会自动产生觉察。

你这样做的理由是什么?

你觉得这样做的意义是什么?

要求他人进行解释，有质询的含义，得到的可能会是事后的自圆其说。邀请对方辨识自己如何赋予自身行为以意义，才更有力量。

也就是像他这样无聊的人，才能做出这种事情。

任何人都可能做出这样的事情。我很想知道，他这样做到底是为了什么呢?

将对人的描述等同于对事的描述，这种等式不仅不会符合事实，也不公正。将事放在一边，着重描述不同的人，视界会开放很多。

他应该为自己这次的行为负责。

从他所处的环境来看，今后我们应该怎样帮助他不犯类似的错误？

使问题背后的因素没有被全部看见，是不明智的。不仅使问题背后的因素被看见，并且坚持以人为本与成果导向，促动对方面向未来进行深度思考，才是明智的。

他一向如此，那是改不了的。

他还做过什么不同的事情？我们怎样才能知道呢？

对人的描述单薄且不公正，宿命意味浓厚，会堵塞对话。全面看向人的多重面向，探讨如何进行丰富的描述，并借此将人的优秀面向展露出来并得以发挥，才是对话的正途。

如你所说，你的工作和生活受到你的上级很大的影响。

除了你的上级，还有什么在深刻地影响着你的工作和生活？

只是接纳对方的看法，代表同情，显然不够。要求对方看见更广更深地影响着每个人工作和生活的因素——包括对方的上级（家长或老师）也深受这些因素的影响，则会让对方脑洞大开。

他是一个性格孤僻的人，不喜欢跟人聊天。

他独处时喜欢做什么？他喜欢跟什么样的人聊天？

根据不同的表现打不同的标签，往往将形成社会性歧视。使对方尊重差异且拥抱差异，才能消除社会性歧视。

我不想跟他来往，他自己都说自己很自私。

跟他来往，我至少能知道他在什么样的事情上愿意付出。

认同对方的自我评价，并不是任何时候都会产生有益的效果。探询与对方自我评价相反的方面，才更有益于探索自我。

他是旁观者，一定看得比我清楚。

他只是旁观者，会有很多地方没有我看得清楚。

认同事件之外的人是专家或权威，显然说不通。看重局内人的经验，才会使局内人产生自信，毕竟任何时候总是自己的事自己办，自己的梦自己圆。

领导希望我这样做，我必须努力。

我必须努力，因为我和领导都认为应该这样做。

将改变的动力寄托在外部，会缺乏力量。将动力看成是共创的，将外部力量转化成辅助内部经验发挥更大作用的助力，会增强力量。

我是不希望有他参与的，因为他不懂技术。

他参与的话，技术工作不要交给他。

有的决策，只是在发表关于不会成功的主观见识。而有的建议，却是在发表关于成功的客观见识。

你对细节足够清楚吗？

你对细节之外的事情知道多少？

局限于事情本身是看不到事情的。当视野投放到事情所处环境的时候，视界拓宽到事情之外的全局，才会对事情本身有更加客观和清晰的观察。

第二项原则，换一件没做或很少做的事情来做。

当事情没有进展或不够理想的时候，换一件没做或很少做的事情来做或许更好。人们受阻于某件事情或使事情一直处于低效甚至无效的运行状态，并非一定是能力不足所致，多半是因为选错了事情。选错事情的主要原因，其实是价值判断有误。

这时候，从头厘清思路才是首选。从使命和愿景到当下最重要的事情，一脉相承地梳理下来，认清此际的境遇，才会聚焦到当下最实际、最有价值、最好发力的事情上。

我们的使命是什么？

我们的愿景是什么？

我们的核心价值观是什么？

我们的战略是什么？

当前，什么对于我们才是最重要的问题？

其中，发生了什么难以解决的事情？

通过解决这件事情，我们要获得什么成果？

为此，第一步要做什么？

放在宏大的背景里审视问题，也会找到一件没做或很少做的事情。更有价值的事情，须放在更宏大的背景里才会被看见。

世界上正在发生什么？

行业内最大的变化是什么？

接下来这会形成怎样的趋势？

因此对于我们，当前什么才是紧迫而重要的事情？

运用反向思维，也会找到一件没做或很少做的事情。

我们从来没想过更没做过的事情是什么？

是什么原因使得我们没有想到？

为什么现在不可以去尝试？

描述更微观的画面，可以使人产生更深刻的洞察力。

我进他办公室的时候，他一个人正在悠闲地喝茶。他调到总部已有两个月，我注意到成捆的书直接放进书柜，世界地图卷立在墙角，办公桌上除了电话机和茶杯，只有一本电话号码簿。你怎么看？

依你的判断，我们应该做些什么？

做好准备，或许半年内他将调离总部。

……

你当初的判断很准，他果真只在总部工作半年多。我想知道，你是怎样做出判断的？

其实对此我也很惊讶！只是，当我们面临两种不同假设的时候，我们理应为最不可能发生的那个假设做好准备。

第三项原则，经常性地评估选项。

最简单的方法，就是为每个选项打分。凡问题、解决问题的措施甚至心态，都可用打分的方法进行探讨。

如果10分是满分，你会给这个问题的重要性打几分？

这个问题在你的生活中会占几分？

这个问题的危害性最初占几分？现在占几分呢？

出了这个问题，属于你的责任占几分？

对准备采取的几条措施，就满意度而言你会分别打多少分？

对尚有几分差距的措施，做些什么补充才会提高分数？

想想看，5年、10年后这个问题在你人生中的重要性占几分？

从形式上看，打分本是封闭式提问。通常，运用封闭式提问会得到确切回应。但通过打分对重要性和危害性进行判断，则会收到开放式提问的效果。封闭式提问与开放式提问交替运用，很有力量。封闭式提问与开放式提问交融运用在一句话里，更有力量。将某个问题放在整个生活中观测，将会使问题看起来不那么可怕和重要。同时运用时间界限，再将问题放到多少年后打量，更会增加解决问题的信心。可以想象，洞见性提问无疑会使对方产生有价值的回忆和向内的觉察。

第四项原则，着重从人的社会关系出发看向问题。

所有问题，归根结底都是人的问题。马克思说："人的本质在其现实性上，它是一切社会关系的总和。"从现实性角度讨论人的本质，可以避免陷入抽象的空谈，这是足够现实的态度。马克思更看重人的后天发展，更重视社会实践赋予人的特性。而人的社会关系是不断变化的，也就不存在永恒不变的人的本质。每个人的社会关系都不同，人的本质也就不可能完全一样。弄清楚这一点，对话中就必须从对话者的社会关系出发看向问题。

发生这样的事情，你觉得你的同事会怎样评价你？

这对你的家人会有什么影响？

你准备怎样与你的朋友谈起这件事？

你崇敬的老师希望你成为什么样的人？

这对你的身体健康状况会产生什么影响？

这个问题怎样影响到你对他人或世界的信念？

客户希望你怎样做？

你希望被人们记住什么？

你希望给这个世界留下什么？

家人、朋友和同事，几乎是每一个人最为重要的社会关系。评价、影响、健康、信念和希望，关乎每一个人最为看重的人生价值。从对话者的社会关系出发看向这些重要问题，更有利于抓住每个人的独特本质，拨开迷雾，洞见真相，奔赴未来的幸福生活。

当聚焦到核心或重要问题的时候，要耐心地找出背后的关联者。

孤立地看待一件事情，如同置身庐山观峰望岭。找出背后的关联者，会呈现大量的、重要的、更有说服力的事实。

还有谁知道这件事?

谁会对这件事好奇?

谁不在乎这件事?

知道这件事后，谁最不会感觉惊讶?

谁会阻挠它?

在与此事无关的人里，谁会持赞同的态度?

谁会出乎意料地反对这件事?

这件事会伤害到谁的利益?

在对方的阵营里，谁最可能被争取过来?

谁的解释引起了你的注意?

谁的赞同引起了你的警觉?

谁使你对未来有所预测?

每一个洞见性的提问，都会给对方打开一扇洞见真相的窗口。

第五项原则，恰当地支持或反驳。

在具有疗愈性质的对话中，支持或反驳并非一定依据是非判断而往往依据对话的有效性。

支持未必是建设，反驳未必是破坏。

在对话中，智慧而巧妙地支持对方的负面表达或反驳对方的正面表达，往往是更富有成效的建设性方法。

例如生活中常见到有人焦虑、畏难、埋怨或指责他人，对此一味迎合固然是不对的，劝解和宽慰或许正是对方想要的，但这无异于纵容。直接反对，就效果而言往往并非可取。恰当地支持，先给予对方被接纳的感觉，再图慢慢转化和推动，才会使对话有效地进行下去。

遇到这样的事情，谁都难免会产生一些焦虑。你知道的，任何事情都有坏的一面和好的一面。你觉得焦虑的好处是什么呢？那你准备怎样利用这一点？将“焦虑”这个词换成什么词会更好一点？

其实从心理学角度讲，困难是一种情绪。任何情绪都是内心经身体表达出来的状态，有其合理性。情绪永远是忠诚的、可靠的、真实地反映内心的体验。情绪本身不会有任何问题，问题只在于引发情绪的内在价值观。从发现和重塑价值观的角度看，任何情绪都有正面意义。困难这种情绪的正面意义是：可以解决，只是需要付出代价。畏难就是在权衡代价。所以我很好奇，你的计算结果是什么？

你知道的，埋怨或指责他人往往是一个人下意识要做的事情，也是最容易做到的事情。我也会经常产生这种冲动，但往往效果不佳。每个人都有缺点和不足，也都可能会犯错误，找到和指出这些缺点、不足和错误没有什么难度。有点难度的倒是将埋怨和指责变成当面的劝告和批评，对方还能欣然接受。这方面你有什么心得和经验吗？

再如生活中也常见到有人反省、自责、傲慢、倾诉不幸或痛陈事实。对此表示同情和默许固然没有错，但效果往往不佳。恰当地反驳，同样会给予对方被接纳的感觉，再图慢慢转化，才会推动对话有效地进行。

你怎么确定，这些都是你一个人带来的问题呢？反省也要有度，过度自责其实某种程度上就成为遮掩或美化，反而有祈求他人宽宥的意思。我更想听听，你打算接下来怎样做？

无论自信还是傲慢，那样的时候自我感觉一定良好。使自己感觉良好这倒没什么错，我好奇的是，他人的感受会怎样？你自己是喜欢自信的人还是喜欢傲慢的人？你如何区分自信与傲慢才会对自己有利呢？

你这样努力地倾诉不幸和痛陈事实，倒使这不幸和事实仿佛成了你的护身符，谁也无法不同情你，谁也无法指责你。谁还不在这世上受点委屈和误会？我更想知道，你究竟做过什么事情才招惹来这么多不幸的？你身边的人，他们又是怎样对待这些事实的呢？

学生畏难，好老师会不惜过分肯定学生的优点；重患绝望，好医生甚至会告诉他很快会痊愈；下属自卑，好上级反而常会当众夸奖他；晚辈傲慢，好长辈会从傲骨而非傲气的角度进行称赞。

智慧地支持其实是为了反驳，巧妙地反驳其实是为了支持。

得到慢慢转化和推动的机会，比急于解决问题重要得多。

于对话者而言，有效性远比道理和事实重要。

第六项原则，危险的问题放在后面去解决。

先做容易做的，一向是做事的原则。对话中，先面对简单的问题以获得顺利的开始是十分重要的。顺利的开始，是成功的大半。将危险的问题放在后面去解决，才是明智的。甚至放在下一次对话中去面对和解决。追求对话不失败，往往比追求对话成功更重要。

危险的问题有以下几个特征：

1.问题拥有者或制造者不承认问题的存在；

2.问题拥有者或制造者不承认问题造成的影响是严重的，他们只认为或一再声称造成的影响是轻微的、不严重的；

3.问题拥有者或制造者不承认问题是自己制造的或与自己有关联，他们更喜欢将问题说成是他人或环境带来的，而自己是无辜的；

4.问题拥有者或制造者自认为早就清楚问题是什么（执着地相信并沉浸在问题所表现出来的症状中而对肇因缺乏挖掘的能力与兴趣）；

5.问题关联到问题拥有者或制造者早期的创伤或现实中的隐私。

无视危险问题，主要有以下标签式语言（言外之意昭彰）：

我这方面是没有问题的！（该做的都做了）

这不现实！（我不认为能实现，无须理由）

主流是好的！（因此存在任何问题都是正常的）

大环境如此，我又有什么办法？（体制和机制不好）

我虽有一定的责任……（其实跟我没有什么关系）

这行业咱们干了几十年……（难道还不知道问题是什么？）

他们不好好做……（事情最终才变成这样的）

对话中听到上述标签式语言，要知道已经遇到了危险的问题。直接面对这样的问题或直接切入主题，往往是无效或低效的，因此也是不明智的。围绕事件探索对方眼中的事实，需要花费大量的时间。最后，才针对核心问题进行探询和商讨，且应以运用提问的方式为宜。

你觉得这是谁的问题？能举例说明一下吗？

你所说的环境，到底指的是什么？能再说得具体一点吗？

这个问题对你的影响究竟是什么？

你的家人觉得那是怎么一回事？

你的朋友怎么说？

你的领导有何见解？你的同事又是怎么看的呢？

你觉得这是好事还是坏事？

如果不加任何介入或调控，这事发展下去会是什么结果？

那样的结果究竟是不是你想要的呢？

你愿意让自己的孩子也参与到这件事当中吗？

你估计这件事会使你成为什么样的人？

若干年后再看这件事，你觉得人们会怎样评价你？

更为危险的问题，主要有两种标签式语言：

没有啥理由，我就是不喜欢。

不要再问了，我绝不会同意。

这样的语言往往源自早期的创伤或现实中的隐私。需要格外注意探询对方早年发生的重要事件和当下现实生活中的重要事件，小心翼翼地得出结论，再反复求证。对反复求证得到的仍然不能视为结论，只可当作进一步深入探询的线索。

对此，你深信不疑的观点和想法是什么？

这些观点和想法是什么时候发展出来的？

你是从什么时候开始觉察到自己不喜欢这样的事情的？

还曾经发生过什么类似的事情使你的感受很不好？

你绝不同意，会带来什么让你感觉安全和满意的事情呢？

那会让你得到怎样的保护？

去做哪些其他的事情，也会使你得到同样的保护呢？

假如你所坚信的观点与想法都只是某些魑魅魍魉迷惑你的诡计，想想看，一直以来你是如何配合那些伎俩的？

你觉得值得尝试一下的新的想法是什么？

那你现在的决定是什么？

你现在的心情如何？

危险问题的存在就像温水煮青蛙的结局，会使一个人无痛苦地失去健康、活力甚至生命。

第七项原则，防止过度相信既定的聚焦。

打仗要有预备队，做事情也要预留一部分资源以备灵活转向。

这件事情对于整体局势的影响是什么？

假如不需要解决它，你认为最重要的理由是什么？

想想看，还有什么是比这件事情更重要和更紧迫的？

还有谁在乎这件事？

这个问题在你的人生中占据什么样的位置？

假如上天允诺满足你人生的三个愿望，你会选择这个问题吗？

一切问题的产生，其背后大抵都是价值观在起作用。当更有价值的事情出现的时候，被过度相信的既定聚焦的事情会自然减轻分量。

插话的技巧

插话如果不沦为无礼，就必须讲究技巧。

插话的正面意义是将谈话拉入正题或指向要害之处。这样的插话是对自己、对方和时间的尊重，根本上符合礼仪之道。

需要插话的时刻，稍纵即逝，必须立即抓住。为了获取有价值的信息，对于涉及事件背景、细节、情绪、动机、信念的部分，打断对方的谈话是必要的，必须毫不犹豫地立即这样做（配合手势）。

关于事件背景的插话：

当时你在哪里？

还有谁在场？

确切是什么时间？

你当时是怎样做的？

他真的是这样说的吗?

你设想过其他结局吗?

关于细节的插话：

等等，这个地方你能不能说得详细一些?

之前你做了哪些准备?

他说这话的时候，究竟迟疑了几秒钟?

他还说了什么?

这是他的原话吗?请回忆一下他的原话吧!

关于情绪的插话：

当时双方的情绪如何?

这时你的情绪有何变化?

对这件事，你的家人有何反应?

现在谈起这件事，你的心情是怎样的?

关于动机的插话：

是什么促使你这样做?

这样做，会帮助你满足人生中的什么愿望?

这件事发生之前，你是怎样想的?

事情发生的时候，你想怎样结束才是对你有益的？

从这件事中，你想要得到什么？

你得到你想要的了吗？

关于信念的插话：

你之前最重要的看法是什么？

现在你的看法有何变化？

至今你都坚持要这样做，是吗？

在你的观点和想法里，什么是你不会改变的？

在你的观点和想法里，什么是你觉得需要改变的？

通过立即插话，详细了解事件背景、细节、情绪、动机、信念，有助于获取立体全面的信息，准确分析事件的原委和意义。错过插话的时机，可能会做出一锅夹生饭，使谈话干枯粗略、事倍功半。

正确而有价值的插话，还体现在对话过程中经常向对方做出承诺或要求对方向自己做出承诺。

请放心，这部分内容我会保密的。

你确定今晚会跟他通电话吗？

如果请你来确定聚会的时间，你会参加吗？

我想知道，这是你的承诺吗？

看清这份焦虑后，你准备采取什么行动？或准备放下什么？

结束时没有做出承诺的对话，其有效性和意义会失去大半。

告诉我，你最终的决定是什么？

刚才你说准备采取行动，那第一步你会做什么？

你真的会这样做吗？

你打算什么时候开始？

你确定会在规定时间内完成，是这样吗？

在这个过程中，你同意我每周打一次电话确认进程吗？

你愿意给我提交一份备忘文件吗？

我会一直关注你的。

对话不同于聊天，聊天可以随性随兴地漫无目的，但对话是要结果的。承诺之于结果，如同花粉之于果实。

退一步讲，谁说聊天不可以要承诺呢？英雄的日常生活并不全部是可歌可泣的，但无不与可歌可泣的部分相关联。

最重要的插话，正是那些值得说三遍以上的话。

要深切地知道，任何一组谈话中，都有值得说三遍以上的话。

找到这样的话，并不容易。

坚定且淡定地重复三次以上，需要勇气。

但值得说三次以上的话，每次都应调整语气和词汇。

真的?

真的吗?

你确定是真的吗?

还有什么?

还有呢?

还有吗?

那是什么?

那又是什么?

那究竟是什么?

为什么?

这又为什么?

究竟为什么呢?

你打算怎样做?

还准备怎样做?

还想做些什么？

也有的句子值得一字不易地重复三遍以上。

这是不被允许的。

我赞成。

我不同意。

非常好。

这是原则问题。

合作共赢是唯一选项。

我相信你。

值得重复说三遍以上的话，每一遍其实都有不同的含义：第一遍是叙述；第二遍是强调；第三遍是提醒、信任与约定。

擅用文字的力量

在对话里，三种情况需要借助文字的力量。

1. 面对面的对话，需要用笔写下来；

2. 面对面的对话结束后，通过纸质信件或智能电子产品进行文字补充、约定和确认；

3. 无法、不便或无须面对面地对话时，通过纸质信件或智能电子产品进行沟通。

将对话（包括内在对话）形成文字通常有两种特殊的实际功能，都源于对潜意识特征的深刻把握和有效利用。

1. 利用潜意识具有“安全第一”的运行原则。潜意识对难题与创伤、想象中令人恐怖的危急与凶险，以及不好的想法、消极的想法、困扰自己的想法，会全部当作真实来处理。将它们统统写在纸上，然后烧掉，看着它们化为灰烬！这样做会使人进入充分感受到安全和舒适的体验里和足够真实的情境里，从而实现某种心理干预或调控。

2. 利用潜意识具有“重复出现的就是真实且重要的”这个运行原则。将所有关于美好的想象写在纸上，像座右铭一样贴在墙上以供随时欣赏和激励自己，潜意识全部会当作能量与资源来处理。由于思想活动的本质就是肌肉、神经、体内生化物的交互活动，因此我们只需训练自己的肌肉、神经和体内生化物，让它们按照设计的方式去活动，人的思想便会得到一定程度的升华。

现代人通过智能电子产品进行文字对话的情形越来越多。

这种对话具有无可比拟的优势。

1.可利用零碎时间进行对话，不必担心打扰对方；

2.不必急于回复，可有充分的时间思考；

3.可将文字反复修改至满意为止；

4.随时调取，可以反复阅读；

5.方便留存为资料（证据）。

文字有着不可超越的力量，能够透射出一个人的内在。

1.炼制于所要表达含义的精华；

2.真诚抑或虚假的态度；

3.性格、气质和风格；

4.内心深处的情感；

5.文化素养；

6.思想。

锤炼自己的文字能力，今天已经成为人们在工作和生活当中必须具备的一项重要能力。除对话中所涉及的专业性知识之外，掌握四项基本功将非常有助于增添文字的穿透力量。

1.哲学；

2.管理学；

3. 心理学；

4. 国学，即中华优秀传统文化。

擅用文字的力量，还有以下六项具体的辅助性技巧。

1. 用“亲爱的”“尊敬的”开头，不必担心显得肉麻或突兀；

2. 智能搜索方便，能够准确地引经据典或用数据和图表说话；

3. 借助表情包能够较好地辅助文字表达；

4. 分类建立收藏夹，方便粘贴语录或转发文章；

5. 可以轻松实现反复的、各种形式的夸奖和道歉；

6. 利用群聊优势。

第7章 赋能于自主管理

近年国际上很推崇以自主管理为特色的青色组织，其实很类似当年杰克·韦尔奇倡导的无边界组织。对个人而言，唯有实现建立在深刻觉察与反思基础之上的自主管理才是最具现实可能性的出路。

自主管理的精髓，可以概括为六个字：我愿意、我能够。

换句话说，成功地赋能于自主管理应以何为证？也便是这六个字。

每个人都希望能够自主管理自己的生活，其实这并不容易做到。每个人也都希望能够自主管理自己的工作，这太难做到。但在现实中，每个人又都是那么渴望能够在基于自主管理的工作里实现梦想和价值。每个现代人都需要在工作里安顿灵魂，这是最深层次的安顿。

对话的使命是使对话的双方都能得到叙述、澄清和优化的机会。通过解决难题以优化心智模式，通过优化心智模式以不再制造低维的难题。每个人都有其天赋和潜能需要绽放，以期获得成就感及受人尊重。青色组织提倡“优雅而简约的工作方式”，这很令人向往。

有效的对话能够促成深刻的觉察与深度的联结，这是赋能于自主管理的基础、前提与意义。每个人在社会中的进化，都需要进行深刻的自我革命。而将人本身看作宝贵的资源，是进行高效对话的信心来源。

在动荡的时代里最大的危险不是变化不定，而是继续按照昨天的逻辑采取行动。用当初产生问题的同样的意识水平是不能解决该问题的。温和的态度需要配置激进的手段，才能实现更具价值的目标。放在对话中理解，那就是让对话温暖而有效。

简单地说，人的基本信念与核心价值观一直在支持和限制着人对未来生活模式与工作模式的思考。但是，这一切都可以改变。只有相信可以改变，改变才会真正发生。温暖而有效的对话，能够创造出新的灵魂，以使人们的天赋与潜能得以绽放。

赋能于自主管理的对话，能够从此使人改变看待事物的方式，从而改变他所面对着的事物。新的灵魂，诞生于对生而为人的意义的更加开阔的理解。当我们设立的每一个目标都能深深地与内在的动机与愿望产生关联的时候，我们就能够汲取到内在丰沛的来自大我的力量。

当把生命看作一场迈向自己真实本质的旅程时，我们就能更加温和、更加实际地看待自身的局限性，并且能与它们和平共处。生命并没有要求我们成为异于自己内在的任何模样。我们可以试着少关注一些身边的人或环境的错误与缺失，而将注意力转移到当下有什么美好和有潜力的事物，使我们能够用同理心和欣赏来代替评判。

可是，我们每个人究竟还是存在那么多的局限性。自主管理，就是要实现与这些局限性和平共处，使局限性成为帮助我们借此看清自身美好的必不可少的一部分，使自己成为一个身心完全的整体。

支持个体成为完整的人，这是自主管理中最有魅力的部分。不再把人割裂或分离，而是尝试发展个体的完整性。当生命被视为一场探索之旅时，我们便能够学会更加优雅地面对生活中的挫折、错误以及障碍，并且逐渐产生出一个深刻的领悟：并没有所谓的错误，有的只是一份体验，它可以指引我们去了解更深入的关于自己和关于世界的真相。

接受自己，我们才能优雅而简洁地面对自身的局限性、遭遇的挫折和出现的错误，同时保持进化的状态。

提升专注力

身心的完整、进化的使命、自我管理，这三个部分缺一不可，要非常有机地联系在一起，才会成为优秀的个体。任何一个部分实现不好，自主管理都是不可持续的。

而提升专注力，正是成为优秀个体必不可少的手段。

简单地说，专注力是一种能力。其本质就是指在固定时间内做一件事情调动自身能力的能力。

一个人的专注程度主要取决于四点。

1.梦想的维度与质量；

2.体能与智能的储备；

3.关于专注力的刻意训练与无意训练的技能水平；

4.基于对当下的敏锐观察与深刻理解，能够精准而迅速地聚焦在一项任务上面的觉知水平。

笼统地讲，专注力可分为三个层次。

1.具有聚焦于目标采取适用方法所必备的技能与热情；

2.短时间内能够将一切干扰或压力都转化为完成目标的能量；

3.养成长期地精通于一件事情的习惯。

具体地讲，做事时一个人的专注力水平可分为三种境界。

1.初级阶段比自己以往更能够集中精力，中级阶段比绝大部分人更能够集中精力，高级阶段仍是比自己以往更能够集中精力；

2.初级阶段不分心，中级阶段忘记时间、忘记自己，高级阶段却放松一部分能量去关照万物与俯瞰自己；

3.短期于一件事情上、中期于一类事情上、长期于所有事情上，都能找到与内在的动机与愿望产生共振之处，以滋养内在的大我。

提升专注力的秘诀之一就是深刻地理解和有效地利用好

时间。

对于创造性人才来讲，被割裂的时间没有多大价值。最有价值的工作，往往是在超过90分钟的、安安静静的、不受干扰的整块时间里做出来的。当然对勤奋型的人来讲，零碎的时间也很有意义。

你的时间管理原则是什么？

你愿意花时间跟谁在一起？

你会花多少时间和精力聚焦在这件事情上呢？

你曾在这件事情上花过整块的时间是多久？共有多少次？

与对的人交流重要的事情，其时间使用的基本原则是：只知何时开始，不知何时结束。或者说，开始的时候才是开始的时候，结束的时候才是结束的时候。因此事先设定好的规定时间，只适用于起床、赴约、赶飞机一类无须创造性的事情。

专注力是潜意识的标签。当我们坚持经常性地利用整块时间只做一件最重要事情的时候，就会获得忆起重要事情的机会，从内心的慈悲、喜悦、活力和宁静当中，获得寻找方向的灵感和解决问题的力量。

将焦虑和嫉妒的时间用于筹划和行动，才会吸引和聚集成功所需的能量。担忧只是潜意识向自己发出的赶紧筹划与立即采取行动的信号。学习自信的技巧，必须知道自己原本就有权安排自己的时间。

专注力会影响到有效性。有效性在很大程度上取决于正确地运用时间，而制约发挥有效性的因素之一就是事务缠身，通常职务越高，时间越是不属于自己。任何事都没有表面看起来那么简单，所有的事都会比你预计的时间长。既然做重要的事情无法估量时间，那就将做重要事情的时间预算乘以一个源于自身经验的系数。

专注力与时间的关系仿佛鸟儿的翅膀与空气的关系，在鸟儿看来，没有翅膀的空气与没有空气的翅膀都是没有意义的。但有所不同的是，当一个人全然投入于一件事情的时候，时间是停止的状态，仿佛从此处到此处，出发的时刻便是抵达的此刻。在高度专注者的时间线上，过去永逝，未来永不会到来，他全然投入事情的那一刻之外，世界如同消失，他全然活在当下的事情中，与事情浑然一体。

时间的本质是运动，而一切事物都处在运动当中，时间才得以存在或者说被发明和创造出来，用以标示或度量运动着的事物。当过去的事情或关于未来的念头投射到当下的时候，才使得每一个人能够在只存放过去与未来的时间的世界里自由地行动，却很少在当下采取行动。他便会处在“无事忙”的状态，要么忙于采取补救措施将当下用于补偿过去，要么忙于采取预防措施将当下用于预支未来。

擅长调动专注力的人，正是以高度专注的运动的方式消灭时间。也正因为如此，高度专注者不属于时间的世界，时间只是流经此刻高度专注的他，高度专注者不仅从不需要干扰时间的流动，甚至他本人已然成为流动着的时间，且精确无比。

从某种意义上说，高度专注者即是深度觉察者。因此，不要试图思考自己的感受，只能去感觉自己的感受。对他人的感受，也只能感受，无法思考。优秀的人，总是擅长做这两件事。做好这两件事，就必须活在当下。时间对于做好这两件事，毫无意义。活在当下的人，没有时间感。时间对于活在当下的人，也失去活力。

在深度觉察里，不会有评判，最多只有对评判的观察。出于应对现实的需要，每个人都在大部分时间里活在小我之中，这无可厚非。唯一的出路，就是经常单独给自己时间进行深度觉察。不要相信自己的焦虑，因为焦虑只是将过去投射到当下而产生的一种幻觉。也不要相信自己的恐惧，恐惧只是将过去投射到未来而产生的一种幻觉。无论如何，人都不能使自己活在幻觉里。

从人性的角度看，大部分人会因为被尊重而在未来尽可能长的时间里去尽可能多地改变自己。而当被迫改变意愿时，大部分人会在未来尽可能短的时间里去尽可能少地改变自己。

沟通中，每个人都经常会同时怀有相反的两种情绪或心理状态。觉察和看清这一点，是发生改变的开始。积极承认对方的纠结，不予评判，是中正的态度。这时候，时间会成为良药。

我们此时此刻做出的决定，对已经发生了的事件将会产生不可逃避的影响。因为过滤事件的观念和解释事件的标准一经更改，就会使我们面对同一个事件却能够拥抱新的事实。而近代物理学甚至得出更加令人深感骇异的结论：此时的决定能够影响和决定光子的过去，这不但在实验上具有可操作性，而且可以在宇宙尺度上操作，从而把哥本哈根学派的整体论从空间拓展到了时间。

专注的力量如此非凡，决定我们要万分强调深度觉察的意义，而我们觉察到什么，取决于我们用什么方式提问。

过去的本质是什么？

未来的本质是什么？

当下对于过去与未来究竟意味着什么？

当下做些什么我们才会改变过去与未来？

你使用时间的基本逻辑是什么？

何种情况下，你决定由时间来决定一件事的意义？

即便什么都不做，也要坚信难题或创伤本身也会发生变化，至少时间便是一种变量。何况我们总有选择，只要肯做。天才并不是什么都懂，而是肯用大量的时间只做一件事。而行动的效率是时间的唯一弹性，因此时间并不是绝对的。

但现实中几乎绝少有人即时做过详细的时间管理记录，这是经常被人忽视的致命缺陷。人脑对于时间长度的感受多半凭借事件与情绪，因此仅靠回忆记录时间是最不可靠的。没有可靠的时间管理记录，是无法反思做事效率的，因此也是无法有效管理时间的。

时间只在当下才有意义，当下才是唯一可以采取行动的时候。每天，我们都应该在若干不同的时刻，问自己一句话："此刻，什么对于我是最重要的事情？"在认真地回答了自己的这句提问之后，就认真地按照答案去分配时间。养成习惯之后，自己的专注力会得到提升，人生会变得很有效率和很有价值。

今天你的时间主要消耗在哪里？

你是靠回忆来计量时间吗？

今天剩下的时间用于做哪件事情才是性价比最高的？

在一般情况下，可供你自由决定使用的时间是多少？

享受结果的时间也许只须几秒钟，但享受过程的时间几乎是整个事件经过的时间。你愿意选择学习享受哪个时间？

认识时间的本质与意义，才是认识自己的方便法门。同时注意不去浪费和分割他人的时间，则既体现尊重，又体现慈悲与智慧。

消除误解

完成目标的过程中，最大的障碍来自于人际关系。其中，处理人际关系所遇到的最大障碍来自误解。

心理学家认为人们之间98%的冲突来自误解。但是，98%的误解又完全可以通过反复核实与澄清各自的深层意图得以消除。

自言自语或者在内心对自己说话，同样会存在误解。反复向自己的内心进行核实、不断地澄清自己的深层意图，便成为反省功夫。

书不尽言，形诸文字总不如说话便当；言不尽意，说话又常常不能尽表原意。一个人的话并不代表这个人，一个人的行为也不能代表这个人。知道这一点，才可能建立正确的人际关系。

据研究，每秒钟人类的大脑能够接收200万项数据。因此一个人所要表达的意思，只能经过扭曲、归纳和删减这三个程序才能得以表达。所有的话都源于内心深处的意图，即便经过扭曲、归纳和删减，也总会流露出一个人的信念和价值观。正是由于这一点，通过反复核实与澄清各自的深层意图，绝大部分误解都是可以消除的。

你指的是什么？

换一个词，你会怎样表达？

那么，你想说的是什么？

请你重说。

追求成功固然没有错，但应深知成功只是成长的副产品。成长一定意味着发生改变。所有深具意义的改变都会是痛苦的。梦想与痛苦，都是成长的动力。当聚焦于成长的时候，成功往往最先到来。

每个人都禀承独特天赋而来，与其培养自己不擅长的能力，不如发现和释放自己的天赋。最好的天赋，就是相信他人。对他人的误解和错误抱着宽容的态度，允许他人自己修正，并有机会分享心得。

因此在群体里，要坚信人是可以进化的。能创造承载这样空间的人，就可以创造赋能于自主管理的对话。

如果每个人都选择相信他人，同时每个人又都不可避免地产生误解的话，那为什么不把误解放在欣赏式和探询式的对话里进行澄清呢？那可能会让我们更加温和与能够放下。温和地看待自身的局限性，放下傲慢与偏见，然后把注意力转移到当下，看看有什么美好的和有潜力的事情要去做。

由一对一的有效对话发展到多方的有效会谈，正是自主管理的升华。这需要团队有安全空间为基础，并且有长期这样做的准备。否则开放却没有空间承载和生发，带来的伤害会使人更加封闭。

赋能于自主管理是一个需要认真面对的话题，这是一个系统工程，每个人的内在都要准备好，从小事情、小项目、小业务、小系统开始体验，或者也可以从大系统层面植入，使团队中的成员都可以结合自己的系统来操作。

扭曲类的模式常在情感关系里出现。

他这是故意为难我。

何以见得？

这份报告，他没有给通过。

没有通过就等于为难你吗？还可能是什么原因？

归纳类的模式则往往在能力问题的案例里出现。

他一向如此，做事总是丢三落四的。

做什么样的事他不会丢三落四？

对他有利的事情！

他做过的所有丢三落四的事情都对他不利吗？

删减类的模式会在意见纷争里出现。

真弄不懂这种人！

你指的是怎样的人？弄不懂怎样的事情？弄懂的标准是什么？

对话中，应先处理扭曲类语式，再处理归纳类语式，最后处理删减类语式。因为每一句话里都会有相当多的删减，若先处理删减类语式会相当耗时也无必要。扭曲类语式对沟通的影响最大，且有决定性意义，由处理扭曲类语式开始会比较容易快速了解对方的深层意图。

无论是扭曲类语式、归纳类语式还是删减类语式，本身都没有好坏之分，都不能看作是错误。任何一个人都不可能说话之中完全没有任何语式，甚至对话中有时还故意运用这些语式以达到某种暗示效果。

面对这个突然发生的情况，所有人都困惑了！唯独你还能提出这么睿智和尖锐的质疑，能跟我说说你的好主意吗？

你一直都是那么清醒，这次你怎样看他的那份报告？

经过扭曲、归纳和删减这三个程序，人类依然能表达相当多部分的含意，想想也算真是幸运。特别是源自直觉的话更会流露出一个人的信念和价值观，因此修炼直觉以减少和消除误解也是可行的。

直觉是一种神圣的天赋，而理性则是位踏实的仆人。今天的人们却创造了一个崇尚仆人而忘记天赋的社会。我们每个人需要做的是让仆人携手天赋共同为自己服务，这样才能成就个体。现代管理学认为，组织是社会的器官。如果组织能够促动组织内的每个成员都有机会使仆人携手天赋共同为自己服务，那么整个社会都会在更高层面上修复我们与生命及与大自然的破碎关系。

自主管理会使每个人都能够最大限度地减少和消除误解，使人活在一个无限长的美好故事里。在这个故事里，每个人都将充分地享有尊严，诚实将被看作最为高贵的个人品质，每个人都能够采取优雅简洁的方式去创造出独特的价值。

自主管理的本质已经不再只是管理，更多的是聚焦于生命成长的意愿、方式、感受以及非物质性结果。今天世界上发生的自主管理趋势已经突破了传统的权变管理理论，这种情景已足够壮观。

赋能于自主管理而形成的未来组织形态，会有三个特点。

第一，更加趋向于绽放天赋与潜能。例如：自组织团队会增多，按需配置教练，由未来的同事来面试，工作时间高度灵活，自设薪资，解聘极少发生且把解聘转化成学习机会，自主装饰空间，对孩子和动物开放，极少开会，接受冲突管理培训，随时启动建议流程与冲突管理流程。

第二，更加强调组织的完整性。例如：人际技能与企业文化方面的培训增多，更多采用轮岗项目帮助员工深度融入组织，以灵活又细分的角色代替固定的职位描述，重视团队绩效，重视同侪评估，平等的利润分享，更小的薪资差距，角色流动代替晋升，每个人都有责任指出组织存在的问题，所有人有权实时获取组织内部的任何信息。

第三，组织的进化宗旨更加彰显。例如：多种形式探索个人与组织宗旨的结合，评估方面重视个人学习旅程和使命召唤，随时启动价值观和行为准则讨论，集体禅修与同侪教练，用讲故事的方法支持社群建设，以直觉和美感为导向，感知目标，诚实作为内在尺度，聆听组织宗旨。

创造出赋能于自主管理的对话，主要基于以下七个观点。

1.致力于发现对方的天赋与潜能而不是督促对方遵守既定的

人人都必须遵守的规则与程序，因为常规的共识形成过程将沦为小我的集体暴政，这样只会稀释责任，并将耗尽组织的能量；

2.深度觉察，以重塑模式、更新假设；

3.选择信任，因为无论你对人性的根本假设是什么，他人对你言行的回应将会验证该假设，唯有信任才会释放能量并为组织带来能量；

4.鼓励真实地活在群体里，如今大部分组织都将面向个人的激励转向为面向团队的激励，让人在工作中感受到生而为人的意义，并在工作中施展才能以回应使命的召唤，才是激励人的方向；

5.以利他为宗旨，专注于利他的宗旨，利己的效果就会随之而来；

6.使个人与组织都养成欣赏式探询的习惯；

7.未来人们聚在一起的本质将是进化的宗旨而非进化的组织。

以对方为中心

从严格意义上讲，任何人都无法赋能于人。因为能力只有在实践中才能获得。能，只可内生。但从外部，可以激发。在对话中，激发对方的意愿与动力，使之凭着这份意愿与动力重组自己的内心世界，然后才能在实践中获得能力的提升。

我一直认为你是一个敢作为的人，不知你是怎样看的？

我认为你是一个很有想法的人，这件事如果换作你会怎样决策？

你打算怎样将你的经验传授给他人？

天将降大任于斯人，如果不是你，还会是谁呢？

当以对方为中心的时候，才可能激发于人。释放其天赋与潜能的障碍，其实主要来自不能足够地信任对方。

另一方面，挑战自己的障碍还来自限制性信念。

假设政策方面不存在任何问题，你会怎么做？

具体计划是什么？

如果现在就坚持这样做呢？假以时日，会有什么结果？

究竟是什么原因使你认定是政策方面出了问题呢？

那你从中得出了怎样的结论？

无痕迹的隐喻，更容易让对方进入情境，产生激发的效果。

你觉得这很像你经历过的什么？

你对他最大胆的猜测是什么？

这让你担心未来会发生什么？

能使这件事戛然而止的因素会是什么？

设想更困难、更严重、更危险的局面，反而可更有效地激发。

请你设想当你遇到更困难的局面时，会被激发出怎样的斗志？

你喜欢迎接什么样的挑战？

我想知道，你最擅长克服什么样的困难？

假如此战必败，你会怎样最大限度地降低损失？

以对方为中心，就必须找到对方的优势。

你最擅长什么？

你是如何迁移这份能力的？

你认为你还有什么天赋没有被自己看到？

讲讲你是如何使自己的某个缺点成为某种优势的故事？

看上去你的缺点从没有给自己惹过麻烦，你是怎样做到的？

赋能的主人只能是他自己。因为一个人给另外一个人赋能，从脑科学的角度讲不通，也不符合建构主义，同时违背关于实践的所有理论，包括心理学原理和管理学常识。如同一个人擅长烧菜，他的子女不可能只是通过看他烧菜或自己看书、看视频来掌握这门技能的。所有技能只能通过大量练习才能掌握。“赋能”这个词放在对话里是霸道蛮横的上帝视角，搞错了对话的本质。对话的本质是基于同在心的倾听、坦诚而真实的叙述、反复耐心的澄清、勇敢而深度的反思、面向未来的共创。即使讲赋能，也应是以对方为中心的赋能，那便是激发。

现实中的对话，总能看到一个主角的存在，那就是告知者、说教者、命令者。如果一定要有一个主角，只能是自己眼中的对方。

在以自己为主角的对话中，对方的资源与收益都被这个主角控制着。但其实，在任何公正的对话里，任何人都没有资格，也没有必要控制对方的资源与收益。对话中的任何人都应该请对方贡献话题以及解决问题的资源，请对方自己确认他的收益，请对方回到生活和工作中自己赋能自己并掌握自己的命运。

基于同在心的倾听，不仅仅是指彼此尊敬、付出爱心与圆融人际，更在于利益驱动、结盟的需要与慈悲心。利益是愿景的真实兑现，结盟是战略的连体共责，慈悲心是人类共命运的认知奇点。

以对方为中心，恰恰是在更大视界里对责任心的诠释。责任心不仅仅是指选择正面、享受过程、承担结果，更在于知道自己的位置、选择自己的位置或赋予自己的位置，产生发挥这一位置功效的内在动力。由此责任心可分为三个层次。

1.知道自己的位置，尽本分；

2.选择适合自己的位置，尽力量；

3.无条件地赋予自己某个位置，尽一切。

也可以从中国古人“由仁义行”的视角，理解这三个层次。

1.知其可为而为之，知其不可为而不为；

2.不知其可为，因应为之而为之；

3.知其不可为，因应为之而为之。

以对方为中心的激发式对话，要把握八个要点。

1.无论对方多么急迫，都不能急于进入正题。除非现场环境已经足够安全，对方恢复平静，并开始对轻松一点的话题产生好奇。双方都没有时间压迫感，阳光、咖啡和音乐是此际最好的道具。

2.无论对方有任何问题，都必须当作他本人没有问题，他只是被问题包围，不得解脱。也无论对方多么困惑，都必须当作他本人非常了解他自己，包括如何解脱问题的缠缚，他都是知道的。要相信，任何人都是主宰自己生命的专家。无论对方在处理问题的过程中显得多么无力，都必须当作他本人其实正是他生命奇迹的设计者和创造者，这件事只能由他来完成。

3.无论对方的问题看上去多么严重，也无论对方看上去多么懈怠和放任，都必须当作他本人已经付出了巨大的努力。

4.无论对方遇到什么问题，都必须当作这些问题只是他本人的描述，并非问题的真相。问题的真相不在问题本身，而在问题之外，由诸如他的家庭、经历、上级、朋友、宗教信仰、性别、教育背景、年龄、所处阶层、政见等等元素共同炼制而成。对方在困惑和焦虑状态下对自己的描述，以及所有人对他的典型描述，往往是最不够真实的。这些描述只是在助长问题的蔓延和固化，使得他的知识、能力与信念无法发挥作用，无助于解决问题。

5.与对方共同探讨问题的根源，永远不是最重要的事情，甚至可能引发新的问题。与对方共同探讨他的知识、能力、信念与精彩的人生故事，才是最重要的事情。

6.与其谈论未来如何解决问题，不如谈论曾经解决过多少类似的问题，包括谈论当下没有被问题缠缚的生活，帮助他忆起熟悉的、有力量的、美好的生活样态，将之向自己更广更深的生活领域扩大。

7.无论在对方看来谈话效果如何，要知道对方其实更需要鼓励和赞美，都要使对方感到谈话可以无限期地延续下去，他会一直被关注和关怀，与问题解决与否无关。谈话双方的关系始终是如水之交的朋友，谈话只是陪伴的一种方式。

8.没有说话的时候，也是很重要的时刻，要想办法使沉默比谈话更富有内涵和必要性，哪怕只是摆弄谈话的道具，或站起来假装去洗手间。要知道，对方需要有空闲发一会儿呆。这时阳光、咖啡和音乐就仿佛一幅画作或书法作品的留白，会悄悄填补语言无法发挥的功能。

时刻看清自己的发心

慈悲且灵活的对话者，对自己的要求应该是成为知行合一的师者。托马斯·潘恩说：“当一个人堕落到宣扬他所不相信的东西时，那他已经做好了干一切坏事的准备。”而当一位老师堕落到宣扬他所不相信且没有实践过的东西时，那他已经失去了干一切好事或坏事的能力。

平庸的老师对知识只是一知半解，管窥蠡测，只会机械地说教，误人子弟；合格的老师只是知识的搬运工，不失诚实，解释准确；优秀的老师只传授自己体验过的、实践过的知识，且融会贯通，尤擅长示范；伟大的老师创造知识，善于激发他人，能够培养超越自己的弟子。

对话中，失去慈悲就会堕入黑洞。例如，贪心之人尽管会使自己避免陷入穷困潦倒的境地，但总的来说也会使他因过于锱铢必较而难以致富。同样，尽管炫耀知识的发心会使一位老师迅速地积累或抄袭很多知识而博得一点名气，但这也会使他因缺少创见及缺少对他人命运的关爱而难以成为真正的老师。

傲慢会使人更快地堕入黑洞。傲慢的本意是为浅薄与自卑寻找一条摆脱的出路。虽然这条路会越走越窄，但总算是傲慢者自己的选择。但被人误解为傲慢的人，自己可能却会相信自己是傲慢的。

常听到有人说我傲慢，有些苦恼。

你自己觉得呢？

也许是吧，毕竟很多人这么说。

傲慢的人往往性格强势，事事争强好胜，这些在你身上都看不到，所以不是傲慢。你性格低调，从不与人瞎扯淡，能为别人着想，但是别人不易察觉你的好意。你不苟言笑，表面严肃，使人有距离感，但你内心是柔软的。我曾听一位老专家评价你宅心仁厚。还记得有位专家去世，你告诉我要去看望一下家属，感怀他对我们的帮助。还让我对来授课的资深内训师都要照顾好，要一直对他们常怀感恩。高傲的人是没有感恩之心的。我做干部测评工作，与国内外十几家心理测评机构交流很多，对傲慢性格还是有点了解的。

那么说，我不是一个傲慢的人?

其实你有傲骨，只是藏在儒雅之下，不嚣张不跋扈，声色不动。

可是很多人说我不合群哪?

不合群很正常，职场精英中，谁有多少时间、精力、情感可挥霍呀!

识人难，自知尤难。群众的眼睛是雪亮的，也不是绝对的。反省的工夫，不是一朝一夕能成就的。

但反省本身并非目的，做到才是反省的目的。知道并非代表能够做到，做到才会真正知道。若做不到，无论反省多么猛烈，也必然不会产生真正的认知。

对话的积极意义是使对方圆满。仿佛真正的孝道是使父母无咎。所以古人才说："天下无不是的父母。"这并非是说父母永远是对的，而是说子女可以用自己的做到去圆满父母。同理，社会上的任何人都可以通过自己的做到去圆满他人。

洞悉使命

对话中，洞悉对方个性化的使命是很重要的（不能肯定对方自己也知道自己的使命，但一定是有使命的）。

在温暖而有效的对话中，洞悉对方个性化使命一定源于对人类共同使命的深刻洞察。

任何人的出生，都可视为是必然的——尽管数学家计算出现实中每个人得以出生的概率是三百万亿分之一，但生命的意义无法计算。相信已经出生的人必然出生，才会使活着的人们慎重思考自己的使命，每个人的生命因此才会变得更有意义。

而现实中的任何人，都可视为生活在组织之中。组织的基本特征，就本质而言即指有着共同愿景与目标而产生协作关系的特定群体。例如家庭、团队（包括退休人员组成的旅行团、书法协会等各种小团体）、部门、企业、国家、民族，都可以视为组织。

那么，整个人类为什么就不可以视为一个组织呢?

一切组织皆有使命，人类一切组织的使命就本质而言都是共同的，那就是实现公平、正义与幸福。

而这正是人类的使命。

假如手绘一张组织使命的底层逻辑地图，可以画出上下两层整齐对应的六个圆圈：上层三个圆圈用箭头从左至右相连，代表过程部分的逻辑；下层三个圆圈也用箭头从左至右相连，代表本质部分的逻辑。

完成使命的奥秘就在这里。

上层三个圆圈的逻辑关系：第一个圆圈，代表一切组织为实现愿景与目标所需整合与利用的资源；第二个圆圈，代表有序的管理（核心运作部分）；第三个圆圈，代表获取的成果。

资源只有通过管理才能变为成果，这是过程部分的逻辑。

下层三个圆圈的逻辑关系：第一个圆圈，代表知识；第二个圆圈，代表实践；第三个圆圈，代表价值。

知识只有通过实践才能实现价值，这是本质部分的逻辑。

上下对应的圆圈之间又代表怎样的关系呢？重点就在这里!

用箭头从上至下相连，三组圆圈的逻辑关系：第一组，资源的本质就是知识（例如，铁矿石是原始资源，铁是由知识转化的新型资源）；第二组，管理的本质就是实践；第三组，成果的本质就是价值。

还需要稍加进行三点解释：

1.任何人的使命，都从属于所在组织的使命，而组织的使命正是组织内所有成员的个性化使命的有机集成（这部分是组织文化的功能，建设组织文化的重要意义也正在于此）。

2.一切组织，叠加在一起就构成了社会，因此任何个体组织其实只是社会的某个器官或部件，而每个器官或部件都需仰仗其他器官或部件才能得以存活，因此更须用为其他器官或部件做出贡献的方式才能更好地汲取存活所需的资源及维持自身的进化（这正是人与人之间关系的本质，也应当被看作人的本质）。

3.一切组织的核心资源都只能是知识。管理的本质也只是实践，任何有效的管理都没有现成的或唯一的标准答案，一切管理的成效都是用实践来检验的，也只能靠实践去达成，有序管理的重点是要做减熵动作（就像一个人要睡觉或运动，组织则要靠开放和创新，才能恢复活力和回归有序）。成果的本质是个人、组织及社会存续与发展所需要的价值，它主要是通过科学和技术来实现的，但科学和技术只是组织的工具，社会的目标则是实现公平、正义和全体人民的幸福。

个体的个性化使命，不仅必须契合所在组织的使命，也肩负促进组织使命进化的责任；个体组织的使命，不仅必须契合人类社会的使命，也肩负促进人类社会使命进化的责任。

觉察到这一点，便可以进行精准而有效的对话。

洞悉使命，如同启动导航仪，可以使对话不偏离逻辑的航道。

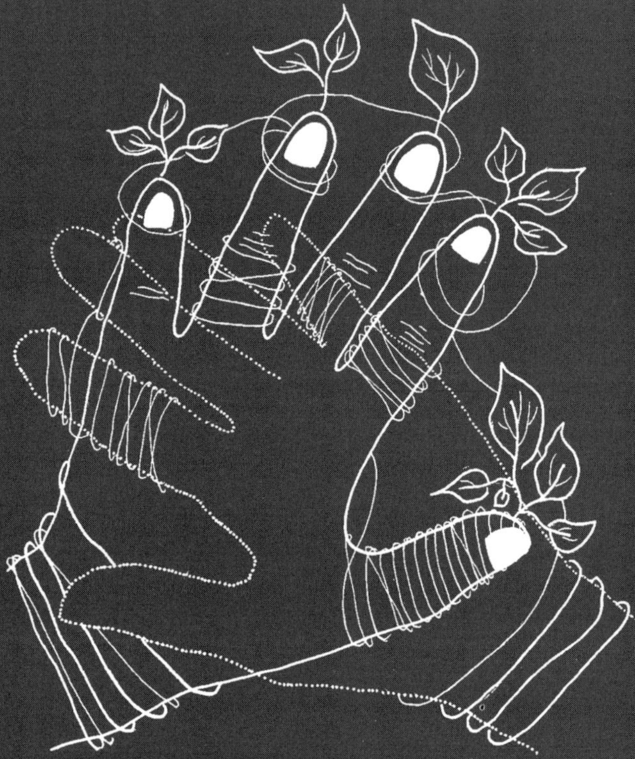

人类一切组织的使命
就本质而言都是共同的，
那就是实现公平、正义与
幸福——虽然定义各有不同。

第8章 中国式对话的灵魂

思考是行动的先导，提问是思考的灵魂。若无提问，人类将无法完成任何简单的思考，也便将无法完成任何有目的的行为。

今天晚上吃什么？

明天穿哪件衣服去参加朋友的婚礼？

假如一个人并不认为自己做过的某件事是源于提问

的（生活中绝大部分人都会如此认为），大体是由于两个原因：

1.这个人的潜意识替他的意识问过了，并依据这个人的行为习惯代他做了决定（提问是对行动的预设，行动是对提问的回答）；

2.对于什么是提问尚无确切的认知（以为提问就像老师考学生或见面问“你吃了吗”那样简单）。

其实对这种情况，通过提问可以搜寻到原始的提问。

你昨晚为什么想要吃韭菜炒鸡蛋?

因为家里只有这两样东西。

那可不可以说，当你问自己晚上想吃什么的时候，潜意识告诉你家里只有这两样东西，你没有选择，是这样吗?

你怎么确知一定是这样呢?

当然不，还有很多种可能的提问。潜意识还可能问你要不要出去吃，而你没有同意。或者潜意识问你要不要叫外卖，你也没有同意。又或者潜意识问你要不要去超市买想吃的东西回来做饭吃，你还是没有同意。甚至潜意识问你要不要什么都不吃，也被你断然拒绝。

搜寻到原始的提问，对于深度自我觉察极具意义。

更好的行动，一定源于较之原来更好的提问。

而回答更为根本性的提问，无论是过去、现在还是未来，都将使人类不断展现卓绝的创造力，跨越一个又一个截然不同的文明形态。

人是从哪里来的？

人在世界上生活，有什么目的？

人过了今世后，要到哪里去？

如何认识宇宙？

如何认识人类社会？

如何认识自我？

如何达到人活在世上的目的？

人类的一切发明创造，都源于回答这些提问。

大自然从未辜负过人类那些卓越不凡的洞见性提问。

对话是思考的外显（内在对话则是思考的内显），因此对话的灵魂仍然是提问。古今中外先贤大哲与现代东西方学者都对提问极为重视，但根植于中国文化的提问将展现独特的底蕴与风貌。作为中国人，如何更好地提问？本章将从四个方面探讨这一问题。

以人证道

西方的文明（包括东方的古印度文明），更偏重于研究人与神的关系、人与物的关系，而中国文化更偏重于研究人与人的关系。

近现代以来，当原理、公式与逻辑流行于世的时候，人的感受其实迫切需要格外关照。而由于中国文化的根基正是强调天人合一、天下为公，才在21世纪日渐明显地成为世界文明的新趋向。

中国文化里有一个很重要的观念：论迹不论心，人皆可为君子；论心不论迹，世上再无完人。这既是对人的感受的高度关照，也是对人类能够构建和谐社会的乐观期许。

若用一个字介绍中国文化，最好的就是一个“道”字。既指宇宙运行最根本的规律，也可指人类社会的发展规律。只是知道规律，远远不够。只是运用规律探索自然，也未尽善。修身养性以使身心符合规律、印证规律（从心所欲不逾矩），才契合中国文化的特质。

所以，中国人讲究以身证道。凡自己已经知道的道理，都要力争做到。凡对他人的期待，都应自己首先做到。先在自己身上证道（自证于己），再在他人身上证道（外证于人）。若人人都以身证道，结果便是整个人类社会都将以人性证得大道（这将是以自然规律重塑人性的过程）。人类如果不能做到以人证道，那么运用规律探索自然以及这个过程中所发展出来的一切高科技，都是可能会危害人类自身的（任何小概率的特别事件放在以数万或数亿年计的时间维度里，都会是大概率事件甚至是必然事件，而毁灭人类只需一次这样的特别事件）。

霍金先生离世前曾一再发出警告：人类目前还不应该研发智能机器人，不应该研究制造时空穿梭机，不应该主动联系外星人。霍金先生觉察到了什么？他害怕的究竟是什么？值得深思。

事实上，洞见性提问本身就可以视为答案。

假如人类未来制造的机器人能够拥有人类般的基本情感与主观判断，它们有可能会对人类做些什么？

假如人类未来制造出时空穿梭机，会对过去和未来做些什么？

假如人类未来能够通过星际航行到达宇宙深处，发现某个星球上全是植物和昆虫，我们会对它们做些什么？

对话中提出以人证道的提问，会润滑人际关系。

你怎样做，才会使自己和他人都感觉舒服？

为了飞得更高，你觉得自己还需要怎样的约束？

你最想要的是什么？这对你所处的组织意味着什么？

如果你认为自己已经足够强大，那你还需要敬畏什么？

你习惯于运用超越金钱或地位的热情去做些什么？

生活中处处都可以向自己提出以人证道的提问。

我对自己衣食住行的要求从何而来？

我对自己言谈举止的要求从何而来？

这些要求究竟有多少不是来自外部而是来自自己的内心深处？

这些要求对他人的影响是什么？

我应该放弃哪些要求?

我应该向自己提出哪些新的要求?

认真回答以人证道的提问，人类才会迎来充满希望的文明曙光。

茫茫宇宙，人类作为地球的最高智慧生物，肩负着何种使命?

在不得不离开地球之前，人类将要计划到哪里去?

如何精准地预测超新星爆炸、陨石撞击、极端气候、火山喷发?

人类如何确保从两次世界大战中汲取到足够的教训?

人类如何才能彻底消除战争、饥饿、瘟疫和贫穷?

人类社会如何才能实现人人过上健康、富足、快乐的生活?

大到全球合作，小到修身齐家，若能凭借以人证道的提问进行思考与对话，至少将使我们在面临选择时更多一份清醒、一份睿智、一份包容、一份灵活。

立人达人

中国文化还有一条重要的观念：己欲立而立人，己欲达而达人。至于“厚德载物”“天下为公”“和为贵”“己所不欲，勿施于人”“先天下之忧而忧，后天下之乐而乐”，数千年来已经成为每个普普通通的中国人自懂事起就牢记于心的人生格言。

自有人类文明以来，中国对于世界一直是一种极具特殊意义的存在。例如郑和七下西洋，固然耗资巨大、殒命者众（其中有四次记载远航人员多达2.7万），但仍以先于西方人大航海、胜于西方大航海技术、礼遇万邦而受到全世界关注。李约瑟认为：中国航海家从容温顺，不记前仇，慷慨大方，从不威胁他人的生存，虽然全副武装，却从不征服异族，也不建立要塞。而郑和1405年第一次下西洋数十年之后，西方航海家才有达·伽马、哥伦布、麦哲伦等人进行远洋探索，使得欧洲得以在地理大发现时代通过不对等贸易、掠夺、殖民、贩奴完成了资本最血腥的原始积累。再看看西方人对美洲大陆的原住民都做过些什么，就知道中华民族是何等勤劳勇敢、爱好和平、温和友善的民族！

今日中华民族即使以强盛之雄姿进入百年未有之大变局的21世纪，其立人达人的文化基因仍无半点淡化和改变。而这或许正是提出构建人类命运共同体倡议的强大底气与厚重背景。

人，唯有在人群中才能完成人的意义。

现实生活中，立人达人便是在完成人的意义中最有意义的步骤。

立人达人的提问，在对话中具有激发与赋能的意义。

每个人都是带着使命降临人间的，你深信自己的使命是什么？

这件事如果不是你的使命，还会是谁的？

这件事虽然没有做成，但过程中你收获了怎样的成长？

你希望我做些什么才能真正帮到你？

最好的导师不是告知答案，而是进行提问。一个人并不能教会另一个人什么，他只能帮助对方发现自己已经拥有的。

意愿比能力重要。任何一个人都有能力从地上捡起一个烟头扔进垃圾桶，但并不是所有人都会这样做。但如果肯这样做的人不是环卫人员，那他一定是在某些方面有特别才能或潜能的一个人。立人达人的提问，能够帮助人们发现自己已经拥有的能力，并愿意动用这些能力。

你有什么能力还没被自己发现或使用？

为什么？

在何种情况下你会愿意使用它？

由此你会成为什么样的人？

立人达人，并非只是给予，恰恰却是使人发现自己，并情愿使用自己。立人达人，也并非只是完成事情，而是完成人本身。立人达人，终究不是使人富贵，而是使人感觉自己既富且贵。

立人达人，是以人证道的捷径。

以人证道，是立人达人的证明。

知行合一

中国文化对于知与行的关系极为重视，多有论述。

告知鲜有恶意，但很多时候这对被告知者的确无益甚至是一种伤害。没有身教的言传是没有意义的，没有行动的听讲同样没有意义，如同缺乏运动的高营养进食者只会堆积皮下脂肪而不会生成健康强壮的肌肉。《尚书》中说：“非知之艰，行之惟艰。”知道没有多么难，做到才是最难的。不知为什么中国培训界数十年来一直在做告知式培训，这实在有违古训。

我急于告知的目的是什么？

我满足于告知的背后的意图是什么？

每次告知时，通常对方的反应如何？

每次告知后，效果究竟如何？

荀子有段话说得很精彩：“行高于知，不闻不若闻之，闻之不若见之，见之不若知之，知之不若行之，学至于行之而止矣。”一句话，行动才是知识最好的归宿。

我所知道的，能够做到多少？

我所做到的，有多少是由于他人的告知？

中国人尚反思。曾子说：“吾日三省吾身：为人谋而不忠乎？与朋友交而不信乎？传不习乎？”这最后一问，老师传授的知识是否运用了呢？相信没有多少人能经得起这样的灵魂拷问。

我所告知他人的，我能做到多少？

他人告知（期待）我的，我愿做到多少？

对于知与行的关系，朱熹曾说：“论先后，知为先；论轻重，行为重。”对绝大部分人来讲，一个人自生下来尤其是懂事时起就被告知很多道理。这份知识的重负，许多竟成为儿童逆反心理的起源。《中庸》里讲：“博学之，审问之，慎思之，明辨之，笃行之。”若没有笃行，前面的一切都是空谈。

我学习知识的目的是什么？

我达到自己的目的了吗？

王阳明讲得更为透彻与深刻：“未有知而不行者，知而不行者只是未知。”从来就没有知而不行这回事，凡没有做到的都不是真正知道。“知是行的主意，行是知的功夫。知是行之始，行是知之成。”只会一味蛮干的人，要重视知；只会一味空谈的人，要重视行。做事前要谋划，但一切谋划都要靠行动来落实。“即知即行。”知就是行，行就是知，两者本就是一回事。“知行合一。”将想法（良知）与行动高度统一起来，这要靠在每一件事上刻苦磨砺和用心体会才行。

每一件事里都自有其道理，怎样做事才能更快领悟道理？

于是，该怎样观察做事中的自己？

若非在事上磨，现成的知识只是一堆无意义的符号。

若非在事上见，所谓的仁爱也只是一个美好的传说。

一个人若要证明自己真正懂得知识，那就请拿出实在成果。

一个人若要证明自己真正懂得仁爱，那就请拿出实在成果。

而能够带来实在成果的，唯有笃行，别无他法。

靠说没用。

哪怕说得感动了自己（这其实很常见）。

自强不息

中华文明是人类历史上唯一没有中断的文明。为什么？因为中华民族极为重视人伦，崇德尚礼，慎终追远。

中国文化的刚健一脉，在艰险困苦、忍辱负重的境况下尤其彰显。这一点在世界民族之林中堪称卓绝，独树一帜。中国人有着无与伦比的忍耐力，蕴藏于沉默之中的爆发力举世绝伦。

事实上，中华民族在人类社会相当长的历史时期中，唯有鸦片战争至1949年这百余年间在忍受屈辱中负重前行，此外数千年里中华文明都领先于世，世世代代的中国人都是同时期世界上最幸福的人。

对于中华民族来讲，1949年具有里程碑式的标志性的意义。

对于今日之世界而言，中国是一支古老而清新的正义力量。

自强不息，构成中华民族精神的重要内核。

正是每一名中国人的自强不息，才使得中华文明薪火相传、绵延不绝、愈加繁茂、生机勃勃。

谁是我们的救世主？

怎样实现协和万邦的理想？

我深信中国会因为有我而有何不同？

自强不息的精神，并非只指应用于大事件，而是应用于每一件事。恰恰以自强不息的精神做好所有小事情，才更见精神。

伟大的事业不常见，伟大的精神长存于世。

一个人若能以伟大的精神认真对待和做好每一件平凡的小事，才是他最好的修养，也是对自己最好的关爱。

第9章

问答之间

无论对方是谁，对话都应该、必须，也能够是温暖而有效的。

毕竟放眼宇宙，人类是孤独的！人类的命运应该是休戚与共的。

先使问题轻松起来，将人与问题分开，是高效谈话所需要的轻松开场。允许和鼓励对方尽情讲述，坚信对方没有错，是高效谈话不可或缺的思维前提。

深度觉察，提升认知，升华情绪，是高效谈话进入深层领域不可逾越的重要阶梯，这部分越是纵深饱满，越有利于推动主题。用故事穿透障碍，为事件赋予新的意义，优化故事叙述方式，激发好奇心，向内推动，是追求高效谈话者都应潜心修炼的高超技巧。

在开放中聚焦，调动更多选项，提升专注力，消除误解，以对方为中心，时刻看清自己的发心，赋能于自主管理，是追求高效谈话者都应向往获取的共同成果。

如何才能在对话中将慈悲与灵活完美地结合在一起？什么样的对话才是温暖而有效的？以下九篇案例是作者亲身经历的真实故事，不唯效果即时显现，更纯正绵厚的绕梁余味全在问答之间。

我是谁

很多年前，一位新同事进入我的干部管理工作团队，我同他谈话。

说是新同事，其实我们同在一个部门工作已有三年，甚至更前几年我们就同在某家分公司工作。

事实上，正因为如此我才挑选他进入我们的团队。

出于对干部管理工作性质的理解，更出于我对他的了解，我在谈话中直言不讳地指出了他的一些“缺点”，希望引起他的注意。

他缓慢地、很真诚地说：“您刚才提到的一些我的缺点，有些我认可，有些我还要思考，但很明显有些是您对我的误解。”

我说：“一定会是这样的。因为每个人都会将自己的各个侧面有意或无意地、偶然或必然地展示给他人看，就像一个万花筒，从很多角度将同一件事物折射出不同的景色。”

他有些愕然，同时很感激地点点头。

我话锋一转：“可是，那又能怎么样呢？我们还是将自己展示给了他人，对此我们要负责。不论他人对我们有什么样的看法，我们都应该扪心自问：‘为什么别人会这样看我？为此我今后应该注意什么？’”

他更加愕然，同时很认同地点点头。

多年后，我出版我的第一本书《思维创新》，请他作序。

他竟然将这一节谈话写进去，可见他对这件事情的印象很深。

他在序里写道：“我当时很震惊，怎么可以这样想问题，太主观、太绝对、太苛刻了吧？然而，静下来越想越觉得有道理：要改变别人的评价，只有改变自己，至少要改变我们影响别人的方式，这就是我们工作的逻辑、生活的逻辑。当然，我们也可以不去这么做，但是一旦它成为某种特定职业的特定需要，从业者就必须这样去想、这样去做。”

如果我们每个人，都能时时将自己抽离出来，用他人的眼光打量自己，慢慢就能够学会回答那个著名之问：我是谁？

古都迷雾

我在大庆油田党委组织部任副部长的时候，主要负责干部管理与培训工作。2005年的一天，我正在西安带班培训，晚上接到部里干部管理室主任电话，说某分公司在事先没有按规定经过部务会审批的情况下调整了一批分公司管理权限内而由公司备案管理的干部。

当时，正值几十个分公司领导班子即将进行任期调整之际，这个分公司的做法同时也违反了公司一再重申的“在任期调整期间分公司不宜调整干部”的相关规定。之前，这家分公司的书记曾从大庆飞西安跟我商量这件事，我没有同意，但建议他去北京跟正在北京参加培训的部长商量，当然部长也没有同意。

我立即跟部长通电话，部长说已知情，让我先拿意见。经连夜深入了解这批干部调整的具体情况，我感到这批干部的调整质量很高，但对分公司没有履行报批程序感到不解。分公司的理由是：事先曾向公司领导汇报过，公司领导同意调整这批干部，至于未经公司组织人事部门审批即进行调整是因为分公司组织人事部门与公司组织人事部门的具体工作人员在沟通过程中出现了差错。

我深感意外和震惊！这家分公司的经理和书记都曾在部里任

职，都是对我有提携之举的直接上级。为这件事，我竟三天通宵未眠。第四天至凌晨仍未睡着，不禁恐慌，一向不信超自然力量的我开始祈祷，终于昏昏睡去，却做了一个接下来多年都不能忘却的奇梦。

早上醒来，按计划去登华山。车子尚未行至高速公路，忽降大雾，数米内不能见人，我至今从未见过如此大雾。进退不得，只好停车，却是停在临潼博物馆附近。虽然尚未开馆，但我仍信心满满往里走，恰遇馆长，上前攀谈，馆长很高兴地让他的名牌讲解员带我参观。馆内所遇情境及发生事情，竟与凌晨之梦全部吻合。

下午回到住处，我给部里干部管理室主任打电话陈述我的意见：一是对这批调整的干部中属平级交流和免职的干部补办批复文件；二是对其中属提拔任用的干部收回任职文件，改任为临时负责人，一年后竞争上岗；三是分公司作书面检查；四是取消这个分公司参评年度优秀领导班子资格；五是公司领导对两位分公司领导进行诫勉谈话。干部管理室主任将意见转达部长，晚上部长即指示我立即同他翌日回大庆向公司领导汇报这五条处理意见。

公司领导完全同意这五条处理意见。

事后分公司书记找到我，谈及此事。

书记："经理和我，对如此处理这件事感到遗憾。因为的确这批干部的调整，是经过上下沟通的，也的确是两边组织人事部门的具体工作人员在衔接上出现了差错。经理似乎也有委屈，毕竟背景因素较多。"

我："凡违反规定的错误做法必须进行纠正和处理，其他各种合情的理由、特殊的背景或难言的隐情都是拿不到桌面上的。"

书记："可处理得有点重吧？"

我："这是适当的处理决定。"

书记："为什么说是适当的处理决定？"

我："虽说凡违反规定的错误做法必须进行纠正和处理，但纠正错误和处理问题也必须适当。公司组织人事部门的主要责任是弄清具体情况，向公司领导提出部门的意见。这五条意见就是在充分考虑了这批干部调整质量等因素的基础上提出的，公司领导能够全部予以采纳，说明是认可这一点的。"

书记："但经理颇不理解，你是否去找他说明一下？"

我："方便的时候我会跟他说明的。"

大约一年后，分公司经理打电话请我去一下。但见面后经理与我畅聊了一个多小时，就是不谈那件事。直至我起身告辞，他站起来送我至楼梯口，才轻轻一句提及。

经理：“上次那件事，我以为有你在，会协调好这个事情。”

我：“我也都是按照当初您在部里时的教导来做的，但还有差距。”

在2010年的时候，我出版《大匠无弃材》曾以春秋笔法写入这个案例。这本书曾邀当年案例中的干部管理室主任谭成庄先生作序，而这位谭先生正是前文提到的被我指出缺点的同事。他在序中说：“在一个以知识管理而著称的时代，我们非常需要越来越多的人，能够像作者这样负责任地把特定岗位上的所见所闻、所思所想，系统地与大家分享，唯其如此，我们才能把个体的认知变成组织的认知。”

在2017年的时候，我出版《隐藏的教练》又邀谭先生作序。他在序言中说：“读一读他的《大匠无弃材》，就会知道他在干部管理上所达到的深度和高度。而且，就那本书来讲，我曾代他删掉了多篇文章和诸多细节，那些删掉的不是不精彩、不是不正确，恰恰正相反，比现存的还要精彩，只是由于太过写实、太过激烈，我不希望公之于众后伤害到子纯，或者伤害到当事人。总有一些尘埃要自行落定，我只想让那些特殊的过往，平静地消融在子纯的生命中。”

深夜来客

我在大庆油田党委组织部任副部长的时候，经常加班工作到很晚才回家。一天深夜，我正在办公室加班，接到一位干部的电话，对方的语气急促且恼怒，称刚下飞机，要求来访。第二天，他将履新，从某公司副经理平级交流到另一个公司任经理。

副经理单刀直入：“为什么要交流我？我干得不好吗？”

我轻松地反问：“为什么就不能是干得好才交流？”

副经理揶揄地说：“这么说是因为我干得好才交流的？”

我依旧淡定：“你觉得呢？”

副经理很气恼：“我觉得我干得好，但从大公司交流到这样一个新组建的小公司，我心里不舒服，这明显是对我不够肯定。”

我问：“从副职到正职，这是不够肯定吗？”

副经理很肯定：“不够肯定。”

我继续问：“你不觉得是在重用吗？”

副经理疑惑着："重用？"

我又问："副职与正职的区别是什么？"

副经理脱口而出："正职权力更大。"

我说："是的，普通员工都这么说。但有一点普通员工是体会不到的，作为干部你应该知道，正职与副职的岗位锻炼效果差异很大。"

副经理怔住了，若有所思。

我意味深长地说："你还年轻。"

副经理口气缓和下来："我应该怎么办？"

我问："你还有选择吗？"

副经理迟疑着："那我明天去报到呗？"

我简洁地说："领导要先进行集体谈话，然后个别谈话。"

副经理问："我该怎么做？"

我："欣然接受，表态好好工作。"

副经理有些泄气："可我心里……"

我一口气地接连问："你了解这家新组建公司的主营业务情况吗？你知道队伍情况有多复杂吗？你知道领导对新公司的要求是什么吗？个别谈话的时候，领导可能会问你什么问题呢？你又该怎样回答呢？"

副经理茫然，摇头，沉思。

我再问："时间多么宝贵，可你还在纠结于什么问题？你应该利用这宝贵的时间做些什么事情呢？"

副经理有些急切："我马上回去，得理一下思路，做些准备。"

我说："我也要继续工作，还有很多事情要做。"

副经理语气诚恳："耽误您的时间了，很抱歉。"

那晚我俩的时间都很宝贵，但我不觉得是在耽误时间。

对企业来讲，干部是一项宝贵的资源。

注水的哲学

2010年夏天的某日，专业技术培训部的杨主任来找我。那时，我刚刚就任大庆油田高级人才培训中心主任。

杨主任："集团公司的注水专家培训班又要来我们这里培训。"

向地下注水驱油，是中国石油开采的主要方式。

我："需要我们做好什么？"

杨主任："管好吃住就行。"

我："课程呢？"

杨主任："他们自带课程。"

我："那我们不就是店小二吗？"

杨主任苦笑了一下。

我："那我们不办这个项目，油田那么多培训中心争食，给他们？"

杨主任："这个项目不仅钱多，也算是政治任务。"

这回轮到我苦笑了一下："那你负责当店小二，我负责落实课程。我们必须要有自己的课程。哪怕只有一门。"

杨主任："什么课程？"

我脱口而出："注水的哲学。"

杨主任："没听说过有这门课啊？"

杨主任是资源产业经济专业的博士，搞培训多年。

我："我刚刚想到的，还没开发呢。"

杨主任："大后天学员就到了。"

我："来得及。"

杨主任惊愕且好奇："找谁开发这门课？"

我："尤总。"

杨主任："就算能备好课，三天的培训时间都排满了啊！"

我："我们晚上安排上这门课。"

杨主任："他们不会同意列入教学计划的，那怎么办？"

我："不算正式教学，算我们赠送的免费课程，学员自愿参加。"

杨主任一脸迷茫，转身走了。

时间回到被我称为大庆油田"培训年"的2006年，我与尤总出差两周带一期领导干部培训班，他是油田带队领导，我是组织部带队领导。开班典礼前吃早餐的时候聊天，我说想请他到油田后备干部培训班讲一讲"两论起家基本功"这门课（毛泽东《实践论》《矛盾论》），他不肯。于是两周里，我们一直谈论这个话题。

我："为什么不想讲这门课？"

尤总："不好讲。"

我："那段历史，你曾跟我讲过，我印象极深。但我还是难以全信。我希望那些事情能让后备干部了解一下。这对油田发展很有意义。你不想讲，难道你也不全相信吗？"

尤总："胡说！我是经历者，我当然相信。"

我："那为什么不能让我们这些晚辈也相信呢？"

尤总："别说了，我不会去讲的，我讲不合适。"

两周过去，我俩陪参加结业典礼的钟总共进晚餐。

我又提起这件事。

尤总："烦不烦哪，都磨我两周了，听都听饱了。"

钟总："小那说到这个程度，我看你答应了吧。"

温文尔雅的钟总，也曾任过我的部长，很了解我。

尤总冲着钟总："那你来讲。"

我有些光火："老尤，不要觉得我在求你什么！你多次跟我讲过那段历史，为什么就不能在更多人面前讲？像我这样的人都不能全信，你不觉得这是一个严重的问题吗？你还说过，没有油田这块平台，就不会有今天的你，那你今天所拥有的本领不是油田给你的吗？难道你不想用这种培养接班人的方式回报油田吗？这不正是你的责任和义务吗？"

尤总哈哈大笑："还急了！我答应你，你这个人哪！"

那次后备干部培训班我坐在下边听尤总的课，开始时心里还有点打鼓。20分钟后，我不再担心了，所有学员都被吸引住。

这门课程后来成为油田的精品课程。

眼下，我急切地需要尤总帮我摆脱店小二的角色。

我马上拨通电话："尤总，你好！"

电话那边响起尤总的声音："啥事啊？"

我："没事就不能打个电话问候一下吗？"

尤总："你？有过吗？是不是又要找我备课啊？"

我："还真是！"

我讲了一下情况。

尤总："什么？注水的哲学？净瞎扯！"

于是，我们之间又发生了一段令我至今印象深刻的对话。

我："尤总，我能问几个问题吗？"

尤总："你又想用一串提问套我！问吧。"

我："您是不是当了22年注水工人？"

尤总的语气有些自豪："那是。"

我："后来当了领导，是不是也在一直关注这件事？"

尤总："当然。"

我："那在注水技术发展的几十年里，有几个重大的技术拐点？"

尤总有些迟缓："五六个吧！不，也许七八个。"

我："那么，这些拐点是技术带来的呢，还是思想带来的？"

尤总毫不犹豫："思想。"

我："那这些思想的核心，是科学还是哲学？"

尤总略做停顿，然后坚定地说：“哲学。”

我：“那不就说明，注水是有哲学的吗？”

尤总：“还真是！”

我：“那您可以讲讲啊？”

尤总：“不，我讲不合适。”

我改换角度：“尤总，您想不想给您的22年注水生涯画个句号？”

尤总：“还真是想。”

我：“那为什么不在我这里以授课的方式画呢？”

一向豪爽的尤总沉默了。

我：“不急，明天您给我答复也行。”

尤总：“我现在就答应你。你刚才说这个专家班什么时候来？”

我：“大后天。”

尤总有些恼火：“这么短的时间，怎么可能备课？”

我：“尤总，其实我还有一个问题想问您呢！就分享经历而言，假如一个人没有精彩的故事，他需要多少时间准备分享的内容？”

尤总：“没有好货色，给他多少时间也准备不出来啊！”

我：“那如果有好货色呢？”

尤总：“那要什么时间！有就是有呗。”

我：“那关于注水这件事情的好货色，您到底是有没有啊？”

尤总：“你这个人哪！我考虑一下再说吧。”

仅仅第二天，尤总那边就打电话来。

尤总：“课备好了！”

我意外地：“啊？这么快？”

尤总：“该你做点什么了吧？”

我：“您说！”

尤总：“给我找几个注水专家审一下课，我不能乱讲。”

我：“没问题。”

我先一口应承，同时快速思考：“这样吧，油田内部的注水专家都是你的徒弟，不好审，你也不会只是想听好听的话，对吧？”

乘着尤总正含糊地回应，我坚定地说：“这样吧，我给你找40多位油田外部的专家，给您审课，您看怎样？”

尤总：“好啊！咦？等等，不会是这期班的学员吧？”

我：“就是这期班的学员，要不我哪能那么快去找这么多专家！”

尤总：“那不就是讲课吗？怎么是审课？”

我："晚上免费赠送的新课，就是审课。"

尤总："有这样的规定吗？"

我："规定都是人定的，我就能定。"

尤总："跟你说不清楚！你这个人哪！"

那晚我坐在下边听尤总的课，开始时心里还有点打鼓。20分钟后，我不再担心了，所有专家学员都被吸引住。

授课结束后，我立即叫来杨主任。

我："你不是说每年集团公司都要来办注水专家培训班吗？"

杨主任："一般是每年，但有时是两年。"

我："明年他们要是点尤总的课，你就说老人家退休后在海南居住，另外，我们没有免费的课程，老爷子也没有晚上授课的习惯。"

杨主任："明年？办不办还不一定呢。就算办，也不一定请尤总啊？"

我："你记得我的话就好。"

第二年，杨主任兴冲冲来找我。

杨主任："果然，这次注水专家班，他们点名要尤总的课！"

我有点忘记，又想起来："你怎么讲的？"

杨主任："我照你讲的，说老人家在海南居住。他们就说：'我们出交通费，请他飞回来讲课。'我又说：'我们没有免费的课程，老爷子也没有晚上授课的习惯。'他们说：'付费，安排在白天授课。'我就答应了。"

我："你做得好。"

能够不做店小二，我很开心。

尤总这门课程后来成为油田内外的精品课程。

店小二，以授课的方式给22年的注水生涯画一个句号，学员就是审课专家，都是隐喻。隐喻的本质是在讲另一个故事。那故事会让对方正面的东西出来，目的是邀请对方超越此刻的自己。即使故事是虚构的，听故事的人的反应也将全部是真实的。至于对话中的提问，既充满尊重，又环环相扣，使对方没有理由不接受邀请。

野鸭子的连续剧

2014年夏，我刚刚由大庆油田培训中心调到油田热电厂担任党委书记的时候，很少召开会议听取汇报，而是经常会参加一些班组的生产例会或检修活动。

某日下午，我到电气分厂继电保护班组参加生产例会。

会后，应班组长之邀跟大家座谈了一会儿。

没想到，接下来就发生了一件有趣的事。

一位脸上长满青春痘的青年男员工说："我不是当领导的料，我愿意钻研技术，解决别人解决不了的技术难题，这让我有成就感和幸福感，但我总感觉并没有得到大家的认可。"

我说："当领导也好，当工人也好，前方的终点都是共同的，是什么呢？"

他茫然。

我说："坟墓。"

大家笑着点头。

我面向大家说："大家的目的呢？也是共同的，是什么呢？"

大家茫然。

我说："要得到幸福。"

大家笑着点头。

我又面向那位青年男员工："所以，不论当领导还是工人，都必须使自己幸福。我给你讲个故事吧。在我们北方一片人迹罕至的山区，有一个美丽的天池，池中有一群野鸭子自由自在地生活。野鸭子下蛋孵化小野鸭子，黄绒毛的小野鸭子生下来就会游泳，学习捉水里的鱼儿，很快就长大了。慢慢地天气冷了，树叶黄了，金黄的树叶飘落在碧绿的湖面上。秋天到了，蓝天高远而清爽。一天，野鸭子嘎嘎叫着，成群结队地飞往南方。很快，下雪了，湖面结冰了，积了厚厚的一层雪，漫漫寒冬来临了。几个月后，春风吹来，树叶渐渐绿了，湖面也解冻了，远方传来嘎嘎的叫声，野鸭子回来了。去年的小野鸭子已经成年了，也像当年的父母一样在这里下蛋、生小野鸭子。年复一年，野鸭子过着这样无忧无虑的生活。你说，这些野鸭子幸福吗？"

所有人都听得出神，男青年自言自语似的说："幸福。"

我看着他的眼睛说："可是，这些野鸭子的幸福需要谁来认可吗？"

男青年赧然而又释然地一笑，说："是的，我的幸福也不需要谁来认可。"

大家此时都表现出心领神会的样子，也跟着轻松地笑了。

这时，又一个青年女员工说："这几年我们油田的职称评聘政策真搞不懂，总变。我原本是黑龙江大学英语专业毕业的，在管理岗，主要工作是用电脑整理资料，这专业不让评职称，我就又读了计算机本科，还不让评，说我的岗位不是信息岗位，不干本专业的都没资格评，我很失落！我真没办法了，只好混日子吧。"

我说："据我所知，我们油田原则上很少招收英语或计算机专业的毕业生，电厂更不可能招收。所以，你应该是油田子女吧？能分进电厂来已经很幸运了，外面多少硕士都找不到工作呢。我可以继续讲野鸭子的故事。有一年，这个山区的地质发生了变化，天池的水漏掉了，偌大一个池子几乎没有水了，野鸭子从南方回来后，发现曾经美好的家园面目全非，池底长满杂草，都很伤心，一些野鸭子陆续飞走了，剩下的几只不愿意离开，它们搞不懂为什么会变成这样。几天后，终于只剩下一只野鸭子，这只野鸭子不甘心这么美好的地方不再是自己的家了，想不通，很失落，感到没有一点办法了，对未来失去信心了。又过了几天，这只野鸭子没力气了，简直快要死了，这时它突然发现，它脚下石头缝里有一只蛋，仔细一看，是去年没有孵化成功的蛋，壳已经破了，里面有一只未成形的小野鸭子！这只野鸭子突然意识到：'啊！我还活着，活着的感觉原来这么好！自己应该好好活着，应该去寻找新家。’于是它鼓起勇气，振动翅膀，用尽最后的力气，一飞冲天，去寻找新家。”

我把目光转向了女青年，问她：“你说，野鸭子是不是只有在这个天池里才能得到它们想要的幸福？”

这名女员工笑了，说：“我也应该找回信心，重新确定自己的方向。”

大家听得有些来劲儿，这时又一名壮实的青年男员工说：“每次设备坏了，厂家来维修的人只管维修，却都不告诉我们核心技术，我很苦恼。”

我问：“如果你是他，你会告诉吗？”

他很爽快地说：“也不会。”

我又问：“话说回来，你怎样做，他才会告诉你？”

他挺有经验似的说：“慢慢套他的话。”

我说：“你看，你是有办法的，而且我相信你不止有这一个办法。我可以继续讲野鸭子的故事。这只最后离开天池的野鸭子来到了一处低洼的水池，环境很好，只是有点小，而且已经有很多野鸭子在这里安家了，其中有几只儿时的伙伴还装作不认识自己呢。这些野鸭子都排斥这只新来的野鸭子，不让这只野鸭子加入。这只野鸭子很苦恼，试了几次都不行，后来便开始慢慢套近乎，比如送一条小鱼儿给这里最有威信的野鸭子吃，还替一些有头有脸的野鸭子义务垒窝。没几天，这只野鸭子便成了这群野鸭子的一员，而且地位还挺高，不久就有了自己的伴侣，生了一群小野鸭子。”

这名男青年嘿嘿地笑了，大家也心照不宣地笑了。接着，这名男青年在我的不断催问下，一口气讲了七条套话和偷技的办法。

座谈结束的时候，一直沉默不语的班组长忍不住好奇地问我：“那书记，你刚才讲的野鸭子的故事都是真的吗？”

我反问他：“你觉得呢？”

众人大笑。

班组长也笑了，摸着头有些认真地说：“怎么感觉跟真的似的呢！”

走出会场，陪同我参加例会的厂组织部部长问道：“那书记，这个野鸭子的故事，我怎么也感觉像是真的呢？”

我说：“今年春我在北京参加某个高级隐喻培训活动，那位授课的美国心理学家在课堂上，只用两三分钟讲了一个野鸭子的故事，就解决了一位学员的困惑，我不过是借用了一下那个故事，又发挥了一下。”

组织部部长愈发好奇，忍不住又问：“我很想知道，究竟那次课堂上发生了什么？”

我说："那位学员是某集团的副总裁，也是培训业界的名师，他困惑于手下一位女员工生小孩之前表现很好，生小孩之后却表现很不好，想辞退她。心理学家就现场演示隐喻技巧，她描述了一个四季都有很美丽风景的池塘，一群野鸭子春来秋往地在此间繁衍生息，其间有一句细节描述，'当然野鸭子也偶生争端，但最终也不过使水面上漂浮几片羽毛'。紧接着，她问：'你觉得那些争执中掉落的羽毛，在野鸭子的生命中有何种意义？'我记得那位学员大叫起来，'啊！太神奇了，这可比教练技术厉害多了。'"

组织部部长懵懵懂懂地看着我，我俩穿过厂区中央的广场，进到办公楼的时候，组织部部长才缓过神儿来似的说："真有意思！不过，您的故事完全不同啊！"

两个野鸭子的故事，小同大异。相同的是用野鸭子的生活情景去隐喻当下问题，不同的是因当下问题不同而营造出迥异的意境。我在故事中先引出每个人的人生终点都是坟墓，而过程中认定的目标都是要得到幸福。"可是，这些野鸭子的幸福需要谁来认可吗？"小伙子被这句提问猛然间从沉浸的童话故事中拽回了现实，瞬间打开了心结。"你说，野鸭子是不是只有在这个天池里才能得到它们想要的幸福？"这句提问，也使女青年自己找到了答案。“那书记，你刚才讲的野鸭子的故事都是真的吗？”班组长的困惑来自惊讶于效果，他惊讶为什么几个连续剧式的故事就轻松解决了他几位下属的难题。“我怎么也感觉像是真的呢？”这其实是组织部部长对故事的逼真及提问的技巧所发出的由衷赞叹。

我后来在管理者的课堂上常讲这个案例，引导学员对这个案例产生两点反思：第一，能给出一个带有画面感的故事，就不要只是干巴巴地讲道理，党委书记通过隐喻的方式做思想工作，会事半功倍；第二，最好的学习其实是转化，只有对学到的知识或方法，结合当下问题或情景去创造性地应用，才会增长实打实的本领。

在《隐藏的教练》里，我写了115个亲身经历的对话案例，其中就有这个故事的前半部分。2021年的时候，我出版《管理者怎样学习》这本书，曾邀段钢先生作序，他在序中说：“这本书是那老师作为学习者、管理者、培训者三个主要角色的人生经历，全书看似短篇汇聚，实则是案例的集结。因为那老师特别会讲故事，他曾用一个野鸭子的故事让二十几位一线员工如醉如痴了45分钟。”段钢先生指的就是这件事。

丑陋的钻石

2016年春天，我调入中国石油管理干部学院工作。

一次，与一位年轻教师有一段对话。

年轻人：“有两个相反的选择，不知应该何去何从。”

我：“什么事情呢？”

年轻人：“假设不告诉您是什么事情，您能告诉我怎样做吗？”

我：“我这儿有一个故事，也许能帮助你作出选择。一个女孩儿，每天上班经过地下商场的一家首饰店，瞥见很多件钻石首饰，在那里一颗颗闪闪发光。其中一颗钻石，她给它取了一个名字：丑陋的钻石。每次经过，都多瞅几眼。终于一天，上去问价，果然这颗丑陋的钻石便宜很多。她也没出手买，因为毕竟是丑陋的钻石。一天，忽然发现那颗丑陋的钻石不见了。她莫名有些失落，悔恨当初没有出手买下来，毕竟一直以来只有这颗丑陋的钻石最吸引她的目光。她要离开这座城市了，最后一次经过这家首饰店，忽然鼓起勇气问那颗钻石的下落。店主已经不记得了，但从抽屉里拿出一颗钻石，问：‘是不是这颗？’女孩惊叫：‘就是这颗！’它还是那么丑陋，发着不算美丽的光。”

我戛然而止。

年轻人眼里泛着泪："她买下了吗？"

我："我不知道，她还站在那里想呢。"

我与年轻人黯然相对，良久无语。

在《管理者怎样学习》里，我写了191个亲身经历的案例，其中就有这个故事。"假设不告诉您是什么事情，您能告诉我怎样做吗？"正是这句使我极感意外的话，激发了我的创作欲，脑子里灵光乍现，才有了这个充满隐喻力量的故事。以至于很久，我自己都忍不住几次猜测那女孩会不会买下那颗丑陋的钻石。

后来年轻人与我谈起书中的这篇文章，已经是恍若隔世的释然状态。我没有问年轻人最终的选择，因为我凭直觉猜测年轻人已经买下了那颗丑陋的钻石——抑或原本就拥有它，只是一直没有卖掉或抛弃。

靶心

2016年我到中国石油管理干部学院工作后，在培训班里大量做学员个人案例解构。因为院长是在美国学过MBA课程的，经历过西方商学院的案例教学训练，于是就发生过几次有趣的对话。

院长：“我很好奇，你为什么这么孜孜以求地做学员的案例解构？为什么不采取西方商学院的方法？”

我：“从2011年起我就在大庆油田做学员个人案例解构，创立了V字形理论。这对学员和老师的挑战都很大，课堂上经常呈现那种触及心灵的效果，让我感觉值得探索下去。”

院长很认真，派出一位老师专门到中国大连高级经理学院学习案例教学课程，学习回来又召开骨干分享会。

会上，院长很直接地问我：“学员个人案例解构与全球最佳实践案例教学，到底哪个价值更大？”

众人面前我有些迟疑，只好走到白板前，画了一个靶子，边画边说：“现实中对一名管理者来讲，他是如何学习的？主要是从事上学的。那么，全球最佳实践的案例就在1—2环的区域，学习这些案例相当重要，可以保证不脱靶，因为这些案例能够揭示企业管理的基本原理、重要模式和最新趋势，不脱靶就已先确保不败，这是很高的境界。像华为这样企业的案例就在3—4环的区域，有着鲜明的民族、国情的烙印，对我们启示更大。但像国家电网、中石化这种企业的案例就在5—6环的区域，有着与我们更

只靠不脱靶是拿不到冠军的。

为相近的血统，基于相同体制与机制下产生的问题也更为接近，这样就向靶心又进了一步。如果作为一名大庆油田的管理者，学习本企业的案例就在7—8环的区域，可资借鉴或值得深入商讨之处会更多。无疑9—10环的案例就是学习者本人的案例。如果不去解构，那么所有学到的外部案例都将成为无本之木，无所附着，无法生成新的意义，使学习者仍旧只能循环在陈旧的认知里面。”

我看到有些老师在微笑地摇头，遂不再像先前那样迟疑，又在白板上边写边补充道：“1—2环的案例相当于小学课程，好比学到乘法口诀，但无法借此成为数学家；3—4环的案例相当于中学课程，已经开始形成价值观；5—6环的案例相当于大学本科课程，重点在掌握方法论；7—8环的案例相当于硕士课程，要在做项目中生成技能；9—10环的案例相当于博士课程，从自身经历中挖掘重新审视、重新理解、重新学习所历事件的机会，自我迭代，聚焦于在行动中获取成果，只有学过博士课程才可以在行动中变现——将意义变现为价值，采取行动之前都是建构意义的过程。”

会后院长找到我：“有老师很不认可你的说法，他说：‘全球的商学院都在做最佳实践案例，我们为什么要做学员的案例？学员身上有什么好挖掘的？他们有什么最佳实践？层次和水平都差得太远。’”

我谨慎地回应：“有异议很正常，我还在探索中。”

但院长很执着，带领三位老师去英国牛津、剑桥、伦敦三家商学院，都问到这个问题：学员个人案例解构与全球最佳实践案例教学，到底哪个价值更大？

院长回来在三个不同场合分享他从英国得到的答案：牛津商学院认为两种案例都重要，而剑桥商学院认为学员自身的案例更具价值。伦敦商学院还要激进一些，他们认为让学员设计项目才是更重要的，以此创造出新的案例。

但虽如此，院长还是请来哈佛商学院的中国区团队，来院里探索开展西方模式的案例教学。

院长：“你观摩了吧？感觉怎样？”

我：“挺好的，资料翔实，步骤清晰，互动性强。但与我的主张，还是有两点不同。他们演示的案例教学，老师并非亲身实践者甚至并非其研究领域，这将无法真实而有效地完成与学员的高水平互动。而我主张将本企业岗位实践极其出色者，分类分批地培养成案例教学的引导师，他们最接地气，可以不需要教案就能回应各种问题，而且对不同学员的回应会有区别的。另外，商学院的老师似乎总是想将学员引导到教案中设定的所谓标准答案上去，而我的引导理念是对学员充满好奇，喜欢课堂上出现更多角度、更富创意的想法，引导学员基于各自所处的实际情境，提出多种可能的方案供全体学员思考。”

后来，我又找到与院长同行的两位老师询问。

其中一位说：“这三家商学院大概分两个层面，老师的教学案例源于教师亲自采编，学员研究的案例源自学员亲自经历或面临的现实问题。教学中案例与示例有区别，老师基本不用通用案例。”

另一位说：“在欧洲，案例教学法不像过去那么受到企业高管的青睐。一般认为，成功的案例很难在行业当中进行二次复制，更甭说是在不同的行业。这三家商学院在给企业高管进行培训的时候，他们其实更鼓励高管把自身行业、自身公司面临的问题带到课堂上，教授和学员共同商讨给出解决方案。商学院教授会把这个过程总结出来形成学院自己的案例，他们认为这样的培训方式既能提升教授的实战经验，也能使得学员们感到符合他们的实际需求。给高管进行培训，最主要的特点就是量身打造。”

不久，一次在微信里与人探讨中国式管理，我说：“中国的管理学，希望在企业家那里。甚至在许多岗位实践极其出色的中层管理者那里。而现状是要么炒西方管理学的冷饭，要么返回到中国古人那里去翻腾玄之又玄的概念。有时在电视上看到劳模或大国工匠说话，原本是极普通的话，却蕴含着很新鲜、很深刻的管理学，而且是中国式的。我们中国的学者如果不接触企业家，不接触岗位实践极其出色的中层管理者，不接触劳模或大国工匠，拿什么构建中国的管理学呢？”

我接着说：“管理学当中很重要的一个部分是用人，我沉浸于央企用人实践与研究25年，深感不仅与西方不同，而且与中国以往任何时期都不同。过去毛泽东同志讲‘没有调查，没有发言权’，现在是不是应该讲没有实践就没有发言权呢？”

有人问：“您觉得有没有可能存在学习走在实践前面的人？”

我说：“一般是不可能的，没有无缘无故的学习，学习与实践本就是一回事。之所以分开来谈，是出于深入研究的需要。”

他问：“实践的边界在哪里？对于实践的思考算不算实践？”

我说：“实践的边界就是好奇心的边界。对实践的思考算是实践的反刍或回味，也属于实践范畴，毕竟钟的余音也算钟声。”

他说：“从学习的角度出发，我对实践有一个定义，能对判断形成有效反馈的活动可以称之为实践。”

我说：“这似乎是在定义有效的实践。人们常讲的实践，多是从狭义上讲的，那就是做事情。广义的实践，还包括想事情。

不论是狭义还是广义，都包含‘符合规律’的意思。”

他说：“突然觉得，实践和认知是一体两面的，一种活动是否称得上实践应该是相对于某种认知而言的，而一种想法能否称得上认知则在于是否能指导实践。”

我说：“是的。人本身——包括任何动植物，都进化出如此的设计，动用能量承载信息，维持生存与进化。”

他说：“这暗合耗散结构论，通过耗散能量（实践）维持结构（认知），使局部熵减。”

我说：“是的。这也是实践和认知的目的。其中，人际关系是实践与认知的关键点。例如，一个人的健康程度往往折射出其人际关系的质量。而由此看实践与认知的最高意义，就是仁爱与慈悲。这也是人类进化的最高意义，将仁爱与慈悲塑造成基因遗传给后代。”

他说：“若站在系统的角度，可能是‘天地不仁，以万物为刍狗’。”

我说：“这是老子的失望之语。”

他说：“从系统的角度看，高一层级系统的价值观可能会和系统成员的价值观很不一样，就像我们并不关心我们身上单个细胞的福祉一样。也正因如此才能彰显仁爱与慈悲的价值，因为这是‘知其不可而为之’的伟大实践，里面包含着牺牲精神。”

我说："'知其不可而为之'是道家对儒家的嘲讽，孔子是讲无所为（读四声）而为（读二声）的。据说科学家们得出初步结论，爱是可以通过基因遗传的。"

他说："攻击性和杀戮也是可以通过基因遗传的？"

我说："是的。但更重要的是后天的实践在决定基因表达。"

宇宙的奇妙之处，正在于它居然是可以理解的。但它又是那么的神秘、复杂和难以测定。从现实意义上讲，每个人都是这个世界的中心。因为每个人都无法不通过各自的主观去感受和回应这个世界。

不仅自我提高是一个人成长的唯一可靠方式，而且将自身经历不断进行重新审视与重构，正是有效吸收和转化外部知识的基本功。每一个现代人必须精通这种自我训练，才能跟上时代的步伐。

特别的训练

学院倡导师带徒，规定一名导师带3位徒弟，我却又主动去收下4位徒弟，内心里很希望在退休后能留下行动学习的火种。一次，我设计了一个特别的训练，在微信里分别请7位徒弟抽空作答。很快，其中一位心理学专业的年轻老师做出了回应。

我：“请从学员的角度，造句‘我不能……，否则我会……’”

徒弟：“我不能完全真实地表达我的想法，否则我会被人歪曲理解。”

我：“好的，然后请从老师的角度，向学员提几个问题。”

徒弟：“1.你认为什么是完全真实地表达你的想法？2.你是如何得出这个结论的？过去曾有过这样的故事发生吗？3.你的想法会被怎样歪曲理解呢？4.被别人歪曲理解了，会怎样呢？这意味着什么？事情最糟糕会是什么样？你能够处理这种最糟糕的情况吗？5.你在乎你的想法被谁歪曲理解？为什么他这么重要？6.发生这种情况真的那么糟糕吗？还是只是看起来糟糕，其实有隐藏的好处？7.你可以做些什么其他的事情，来减少被人歪曲理解的可能？”

我：“很好！请尝试提出新的问题，提示：1.把学员的话当作一个隐含着正面动机的动作；2.先肯定，再激发，以重新设定因果关系；3.创造一个相似而简单一点的情境，请他来尝试，而无须否定对方的初始感受；4.探寻对方过往相似情境里产生舒服感受的故事；5.创设一个代表性人物或情境，促使学员积极行动。”

徒弟："1.你有很好的觉察和总结能力，你是怎么做到的？有其他人也像我这样评价过你吗？当时发生了什么？2.如果把这个想法或者结论打个包起一个名字，你觉得可以叫它什么？它是怎样影响你后续的行动的？3.当你被邀请做访谈时，采访者请你分享两个给你留下深刻印象的领导力案例，一个积极的，一个消极的，你会怎样分享？4.什么时候'真实'对你更容易？5.毛主席早期曾多次被排挤出领导核心，从他的故事当中你有什么新的发现？"

我："很好！下面我来对这位学员提问。1.谢谢你能将内心的真实想法告诉我，我很想知道，你是希望什么样的事情发生呢？2.你的想法对我很有启发，这真的是一个很好的、值得探寻的课题，告诉我，你的发现是什么？"

徒弟："这两个提问更开放且指向价值观，对我很有启发。"

我："3.来，现在我们就试一下，将你的某一个担心被人歪曲的想法告诉我，看看我是怎样歪曲理解的？我此时也很感兴趣呢！4.我特别想知道，你的某一个想法被人歪曲理解了，然后发生了什么事情？5.如果你非常喜爱的一个小孩儿告诉你他不能完全真实地表达自己的想法，否则会被人歪曲理解，你会对他说什么、做什么呢？"

我："这5个提问，对应着前面的5点提示。"

我："好了，练习结束。现在你想说的是什么？如果将这个练习写成一个案例，你觉得起个什么题目好呢？"

徒弟："1.从我的专业角度分析，那老师是很'人本'和'叙事'方向的心理咨询师。这几个提问能感觉到您离这个问题本身保持了一定距离，并且拉着对方通过问题与自己内心的需求、渴望及价值观相连接，同时让对方通过转换视角获得方向和行动力。2.从整个练习和教学的设计看，先让我依据学员的情境构建一句话，再由我从老师的角度提问，最后给出提示、反馈和您的提问，这是一个很顺滑的启发式教学过程。3.题目：化问题为资源。"

我："题目有意思。"

徒弟："这个练习很有意思！"

很多情况下，人们只是被自己的语言所囚禁。而心理建设的重要起点是觉察自己的语言模式，使自己有机会削弱语言的霸权，以此获得开放、好奇和自由。这次特别的训练，只是想解决体验的问题，没有将焦点放在任何知识方面（知识当然是宝贵的，但它本身没有力量，只是人们在运用它的时候才会产生力量）。因此凭借认知做选择是有风险的，不如凭借给自己更多选择去获得更多体验。毕竟，如果不能解决体验的问题，就不可能解决语言的问题。如果不能解决语言的问题，就不可能解决任何问题。

问答之间

人生的十足况味，九成在言与行之间的链接部分。语言的深层含义，九成亦在问答之间的余味里面。让我深深体验那问答之间充盈着无尽情愫、意境与思考空间的，却是在参与一个令我空前投入的培训项目过程中发生的两段意味深长的对话。

有必要做出一点提醒，这最后一篇案例既是九篇案例中最长的一篇案例，也是诠释全书要旨最完整的一篇案例。

临近退休，没想到竟能幸运地参与到为中国石油天然气集团公司培养420余名催化师的培训项目。第二阶段的训练以V字形理论为核心，2022年5月17日下午，我与师资团队在线上（受新冠疫情影响只好在线上进行训练）为学员进行案例解构的第三次演示，使我事隔20年去回忆一件鲜为人知的小事。

那老师："今天下午我们师资团队用V字形理论来解构一个案例，我做案主，卢老师做催化师，师资团队其他成员做提问者和切己者（'切己'一词最早出自晋葛洪《抱朴子》，原为'切身'之意。后世朱熹、陆九渊、王阳明、李贽、戴震、鲁迅都常引用，耳熟能详的用法如'切己自反''切己体察''切己自修'，意为凡事皆关联自己作修心功夫。尤其陆九渊少年时有'宇宙内事乃己分内事，己分内事乃宇宙内事'之语，在中国文化史上十分著名。'切己'一词，与孟子'万物皆备于我'之宇宙观深深相合，可视为中国文化主流观念之一，亦可看作中国文化讲究天人合一的某种渊脉）。"

卢老师："各位伙伴，下午好！首先重温学习公约。1.任何案例都有解构的价值；2.坚定必胜的信心；3.深度联结；4.做真实的自己；5.致力于创造新的案例。根据前期公选，就请那老师来分享这个案例。"

那老师："那是我在大庆油田党委组织部工作时发生的事，我在部里工作13年，经历了7任部长。2002年初，部里有两个空缺的位置，那时我是干部管理室主任，应该说是可以提任部长助理的。当时部长找到我，他说："我们怎么跟油田党委提呢？"他的意思是想提三个人，我说恐怕很难通得过，但他还是坚持要这么做，果然没有通过。"

那老师："新来的部长也面临这个问题，我就主动跟他说，之前想一起提三个人，在总部既难做到，也不合适，我建议先提拔一个人。他说：'你看先选谁呢？'我就提名了一个人，他用一种审视的眼光看着我，他在揣摩我这话的真实性，他应该是选择相信了我的话。忽然想起一件事，先说这件事吧。部长夫人也是油田党委管理的干部，一次我与部长出差到北京，住在宾馆，他问我怎么评价他的夫人，我说很敬业，对业务很熟。回大庆后，他又一次问这个问题，我就不能再提之前说过的话，我说挺能吃苦的，比如有一次他们到很远的地方去做业务，就在路边吃口面，工作上有那么一股拼劲。他看着我点点头，说其实她不仅有这些优点。隔了几个月，他第三次问这个问题，前两次说过的我没再说，我说其实她为人很耿直，也朴实。他说：'你们确实很了解她，但是我作为她的丈夫，我了解的更多。'我想他是爱他夫人的，至于我，说的也都是真话。但若正式谈话，真话是要都说的。也许因为有这样一个三问夫人的过程，我们之间的信任反而增进了一分。"

那老师："我感觉他选择相信了我的诚意，但他又想求证一下，就说：'要不然先解决你？你是管干部的。'我说不合适，我说我相信我提名的同事，他在我这个位置也会这样做。然后就上党委会，很快就通过了。又隔了一段时间，他就提出来，说：

‘我们还有一个职数，这次就解决你。’我说：‘另外一个人怎么办？’他说：‘再说吧。’那之前机关改革，组织部由五个部门整合在一起，我说：‘您要考虑平衡，那个人代表一个方面，以后再说的话，恐怕就麻烦。’他说：‘你的意思呢？’我说：‘当然是先解决那个人。’他问：‘你怎么办？’我说：‘再说吧。’他说：‘要是也是再说的话，那不都一样？三个人只能上去两个人。’我说：‘那也不一定。’他这次又选择相信我的话，那位同事很快也提拔了。后来我也任了部长助理，三个人中我最年轻。”

卢老师：“下面进入提问环节。请案主对每一个提问先在自己的脑海里做出回应，根据受触动程度，在1—10分区间打分，把分值说出来之后，再说出你脑中的回应。”

段老师：“现在回看这件事情，您对当年自己的选择如何评价？”

那老师：“8分。回应这个提问有点难。年代太久远，感觉好像是我在评价另外一个人。我说回应比较难，主要是想说，如果放在现在我还会这样做吗？实际上这个假设并不成立，因为现在我没有面临这种事，所以我不知道我现在会怎样做。如果要是评价当年做的这件事，我只能说这是某一类、某一种或者某一部分组织人事工作者会做的事情。我想修改一下我前面的打分，改成

9分。”

大张老师：“这个事情已经过去20年，今天拿出来分享的心情是怎样的？用关键词跟我们表达并解释一下吧？”

那老师：“9分。其实我们师资团队之前的设计是从《隐藏的教练》里选几个案例来公选，后来又说选几个我在书里没有写过的案例，我就随兴找了12个案例，先由师资团队公选出6个，再交给同学们公选。要问我现在的心情，有点不舒服的感觉，反正谈不上高兴。”

卢老师：“第三个问题我来提，如果您重新再经历这件事，在哪些方面会做出一些调整？”

那老师：“10分。我现在回应不了这个问题。当年我37岁，现在让57岁的我来评价一个年轻人，我觉得挺难。虽然那是我做的事，但是其实后来经历的事情太多了，我没法回答这个问题。但这真是一个好问题，我可能会需要很长时间才能回答。”

洪老师：“您说这是某一类组织工作者的选择，这就意味着至少还有另外的一类，能不能跟我们说一下其他类的组织工作者是怎样的？”

那老师：“10分。我现在是没有资格去评价组织工作者的，或者是以一个距离组织工作很遥远的角色去评价，我想说，今天还能指望人事工作者做什么更有意义的事情吗？这似乎是一个奢望和不切实际的想法。他们缺少专业性，更缺少勇气，就是把一件事情做正确的勇气。其实人人都知道怎样做是对的，但真的那样做又是非常困难的。难道还允许有第二类、第三类组织工作者存在吗？组织部门只能是同一类组织工作者，都是做正确事情的人。但是现实是很残酷的。我前面讲，后来经历太多了，那不是37岁的我能经历的事情。”

小张老师：“其实晋升也是个人价值的体现，那么对于价值的体现，您更看重的是什么？”

那老师：“9分。这个问题可以回答，因为无论是那个时候的我还是现在的我，有一点是没有变的，我看重的一直是‘这个事情做得对不对？有没有效果？’这是很重要的，我对别人的要求也是这样的。例如对我当年的两位得力干将，他们非常优秀，但是我不会让他们晋升的，因为他们还需要花时间完成一些重要的事、正确的事，当时只有他们能把这些事做正确，所以我会牺牲掉他们晋升的机会，毫不可惜的。好几个我曾经的部长给我打电话，说不能再压着他们。我说：‘晋升的目的是什么？晋升的目的是在另一个更高更好的平台上做事情，但现在就有很多这样的事情让他们做，为什么还要去晋升呢？’这是我当时的逻辑，我可以替当时的我回答这个问题。当然，后来他们走得都很好。”

汪老师：“回想当年，您感觉当时的领导是相信了您的建议还是他更大程度上是感谢您的让出，帮助他解决了三选二的难题？其他人又是怎样看待这一系列人事任命的呢？后来领导对您的态度有何变化？”

那老师：“10分。这个问题我真的没想过，我的案例库有600多个案例，我都自己解构过。但这个问题不在我提问的范畴之内，那是我的盲区。我不太关心当时部长是相信我的建议还是感谢我的让出，我只看结果。至于其他人怎样看待这一系列的人事任命，他们不知道这个背景。说到这儿，我又想起一个小插曲。我曾经的一位老领导，也在部里工作过，他居然猜到了事情的原委，来问我：‘这事是不是你做的？’他说的过程就像他亲眼看到一样。我当时看着他说：‘我不能回答你这个问题。’我不想否认，也不想承认这个事，他毕竟曾是我的领导，我这样说已经是对他保持最大的尊重。我说：‘你为什么如此关心这个事？’他说：‘我就知道你会这么做，但是别人知道吗？’我说：‘这不该是别人知道的事。’他说：‘当事人有权利知道吗？’我思考了两秒钟说：‘他们也没有权利。’他说：‘我现在就去告诉他们，你看怎样？’我说：‘你为什么要这么做呢？如果你还在部里的话，你还会这么做吗？’他说：‘现在我不在部里。’我说：‘如果你想这么做的话，我也拦不住你。’其实我的态度就是这样，后来他真的跟他们说了。那两个人就在不同的场合把信息反馈过来，我不置一词。这个案例没想到会勾连出这些差不多忘记的小插曲。回答你刚才问的那个问题，我不知道大家是怎么看这个事的，因为他们也不知道内幕，他们可能会觉得反正都差不多，最后不是都提拔了吗他们可能会对我最后提拔有一点诧异。”

段老师：“通过这件事情，您认为自己对大庆油田所做的最重要的贡献是什么？”

那老师：“9分。我觉得用‘贡献’这个词有点大了，这是一个很小的事，很多人也不知道。但是如果要用‘贡献’这个词来回答这个问题的话，可能就像我之前提到的那两名干将，他们一个比我年轻3岁，一个比我年轻8岁。我觉得我的贡献就是我做很多类似这样的事情，对他们的影响是无论用什么词汇也无法形容的。后来他们在这个领域里，在我离开之后，一直深耕到很晚，做出了很多不可思议的事情。就在上一周，我在读一本书，手机上发了两句话给他们，其中一位说，他爱人常说：‘看你的样子那么焦灼，是不是又该去那部长那里坐一坐了？’你一定要用‘贡献’这个词，我就只能用这件事来回应了，培养他们那是我的贡献。”

大张老师：“假如你的一位挚友面临你当年一样的机会，他向你请教应该如何做，你想给他什么样的建议？”

那老师："10分。那得看他在什么岗位上。这个问题很难回答，我不太容易找到代入感。身边如果有这样的人，他碰上这样的事，他会问我吗？他恐怕很早就做出了决定。一旦他问我，他应该知道我会怎么说，所以他可能不会来问我。"

卢老师："您当时的做法，对当时的组织和当下的组织所产生的影响，请您分别打个分，并简要说明一下原因。"

那老师："10分。对当时组织的影响，我打6分，6分就是及格了，我没做错什么，可能会让有的人产生一些疑问，这些都不重要。重要的是做一件正确的事，这是最重要的。当时我也没有其他的方法来做这件重要的事，这件事也只能由我来完成，我就在那个位置上。对现在组织的影响，打4分，我都觉得有点打高了，修正一下，打3分。放在今天这种情形下，更难以产生正面效应，人们的想法更加多元。"

洪老师："刚才那句话，做正确而重要的事情，我印象很深刻。您的这种做法对周围的同事产生了很深的影响，身教胜于言教。我想问，那今后做些什么事情可以让自己更持续地发挥影响力，让您成为更多人在艰难时刻能够寻求帮助的心灵师者？"

那老师："10分。公选里还有一个案例，叫'不想当助理'，其实可以回答这个问题。我现在是学院的助理，为什么不想当助理？因为助理是行政岗，我现在不想做行政岗位的原因，有很大一部分是可以回答洪老师这个问题。不当助理那想干什么？其实就是想当一名老师。讲什么课？就讲个人经历，以及从经历中感悟到的东西，这就是我理解的内训师的定义。我想努力成为一名好的内训师。如果能成为一名好的内训师的话，就能完整回答洪老师的问题。”

小张老师：“我们的学员大部分是中层管理干部，通过这个案例可以给他们带来的最重要的借鉴是什么？”

那老师：“8分。这个问题我可以回应，我想只能回答两句话。第一句话，那是他们的事，我不会替他们设想他们会借鉴到什么，那不是该我做的事。第二，如果他们今天能做一件难以抉择的事，使得20年后依然断定这是一件正确的事，这应该是非常好的、非常幸运的事情。”

汪老师：“我注意到，您有提到在候选人当中是最年轻的，我可以理解为在当时的组织里年轻干部让位是潜规则吗？现在回想起来，您觉得当时这种做法符合程序正义吗？您又是怎样理解在干部选拔中程序正义的重要性呢？”

那老师：“10分。这个问题很颠覆我的认知。其实我已经回应了这个问题，我用‘颠覆’这个词就已经回应了汪老师的问题，这个问题我要好好思考一下。”

段老师：“在您自身的系统建设中，发生过怎样一些特别的事情？是如何抓取其中重要元素的？”

那老师：“10分。这问题太难回应。系统的建设绝不是一朝一夕或一两件事情就能完成的，一定是花好长时间，经历好多事情，由大脑中的暗工厂或明工厂构建出来的。如果说从中抓取到了些什么，太多了！我只说抓取出来的元素凝练成了什么吧，那就是几句重要的质询。例如：穷人为什么穷？富人为什么富？为什么某些人就没有该有的一些权利，而另一部分人却占据了那么大的一部分权利？这是什么原因？总是想公平地解决这些问题。从那些事件当中抓取出来的，就是一种质疑的感觉，这种感觉非常强烈。从中国古人的角度看，就是常问什么事情是应该的，什么事情是不应该的，对应该的事情就要赴汤蹈火，对不应该的事情就应避之唯恐不及。从现代人的视角，让人类的命运共同体能体现出公正性。”

那老师：“我们在一起共事几年，你记不记得？每当我听到企业培训机构引入社会中介机构来完成什么项目的时候，我是非常气愤的，我至今都不接受这种做法。我们连大庆油田都干得出来，还干不明白培训这点事吗？我们难道不能自己培养自己的核心能力吗？社会上好多机构都是二道贩子、三道贩子，他们都能向我们贩卖概念，糊弄某些人甘心做奴才——或许正是幕后的主人吧。这会使我产生愤怒的情绪，会产生出做研发的力量。你们应该记得我当时提出来要在2033年使大庆油田培训中心成为世界级的企业大学，其实我干不到那个时候，但是我会为此付出一切。实际上这些年我最关心的就是40岁以下的培训工作者能不能成长起来，我可以说是花费了巨大的精力做这件事。”

洪老师：“刚才您很真诚地跟我们分享自己愤怒的情绪，愤怒激发了内在的研发动力，也感受到了那一份作为培训人的情怀。如果年轻的组工干部面临艰难而又重要的选择或当他们面临困境的时候，可能想听听您给他们的建议，作为一名过来的组工干部，您能给出三条建议吗？”

那老师：“10分。这个问题我几乎没想过。第一条建议，人都是有一个来源的，都应该是有爷爷奶奶，也有姥姥姥爷，如果按照这个血缘关系，不说太远，就往上追溯三代，对你最看重的祖先，你敢不敢跟他承诺，做他怎样的一个子孙？承诺了就得做到，你就当祖先能听到，这算是一条建议。第二条建议就是，你想让自己的子女成长为一个什么样的人？想好了自己就去做，不用跟子女提出什么要求。第三个建议，如果你感觉艰难，那是因为你想坚持，但还缺少一些动力去坚持，我现在可以给你一个很现成的动力——假如你不坚持的话，事情会变好吗？再来一个人会比你强吗？我们不做错误的事情，算不算是一份贡献？你就仅为了这个再坚持下去应该也是值得的，因为很有可能换了一个人上来，他会主动做这些错误的事情。就算你被动地做过一两件错误的事情，这应该是可以谅解的，因为人性、环境都摆在这儿。你不主动做错误的事情，那一两件错误的事也是被动去做的，真的太难得了，这应该是更值得骄傲的事情。我会提这样三点建议。”

卢老师：“接下来，怎样提问更有洞见性，对案主会更有帮助？”

段老师：“从身份的角度来提问，可以揭示更深层次的动力。”

大张老师：“那老师对油田和集团有很深的感情。如何能够让自己的贡献走向更多的中国企业乃至社会，这是我提问的角度。公约说案例属于每一个人，这个案例当下对于我们来说，它的价值是什么？”

卢老师：“我还是有点拘谨，给那老师提问心里面还是有点紧张，开放度还需要再打开一些，跟那老师链接得更紧、更同频一点。”

洪老师：“关注当下发生了什么，保持好奇，真的对哪个点特别感兴趣的时候，提出来就好了。”

小张老师：“那老师的回答，很明确的就是做正确的事。对当下情绪的这份觉察，会给未来带来什么？在这个案例当中，从企业培训的角度，能够与未来有连接的部分是什么？”

汪老师：“我会在方法论、制度方面盯着这一个点来提问。”

卢老师：“请案主稍后回答以下五个问题，其他人选择一个问题先来回答。假如回到当初，我会如何改进行动方案？假如从建立和完善制度及流程方面进行考虑和设计，我应如何更好地去做此类事情？如何从中提炼和升华自己的方法论及行事风格，才会对未来产生积极的影响？重新调整和塑造怎样的价值观，才会对自己未来将要做的重要事情产生积极的影响？我需要优化出怎样的心智模式和思维方式，才能更好地迎接未来？”

大张老师：“我分享第四个问题。怎样调整价值观？晋升并不为与别人竞争得到岗位之后感到很满足，而是意味着能够调配资源，为企业做更多更有价值的事。”

卢老师：“我想就如何改进行动方案，跟大家分享。对于具体情况要做具体分析，按照心之所向做选择。同时，寻求组织上的支持。”

洪老师：“其实这个案例带给我特别大的触动，就是心智模式和思维方式。很多时候我自己做事情缺少一点勇气，缺少一份动力做下去。那老师那份坚持做正确而重要的事情特别打动我，而且他给未来的组工干部三条建议也非常落地，听完之后心灵受到很大的震撼，带给我的信念是要经常和优秀的人在一起，把我们灯罩上那些尘埃擦掉，把心里的灯点亮，让它照亮我们的未来，走得更好。”

小张老师：“我回答第五个关于心智模式的问题。作为一名培训管理者，培训不再是一项工作，而是我在赋予人生以意义。”

汪老师：“我的反思主要是集中在制度层面，我认为程序正义很重要。我们需要怎样的制度才能选拔出优秀的年轻干部？大环境需要怎样的改善，才能让所有这个体系里的人感受到公平和正义？”

那老师：“作为案主，在这么短的时间内回答这五个问题太难了！真的需要时间。我觉得在自我认知上还有盲区，似乎对很多事情是存在双重标准的，自己当时没有觉察，刚才通过大家的提问有觉察，这是很幸运的一个事。关于程序正义是非常值得深入思考的，但是我的成长经历告诉我，个人要做出牺牲。比如周恩来在给邓颖超定级别上，他给定得很低。我是在这样的教育背景下成长起来的，就构建了这么一个认知系统，你让我颠覆这个认知系统是非常困难的。”

那老师：“我对自己的某些部分是很了解的，但刚才我对几个问题的回应使我看到了不熟悉的部分，而这些部分我非常有信心去改变，因为只要被我觉察到，我都会有很大的力量去改变。

大张老师问到心情的时候，我突然好像找到了一个线索，人们非常容易描述自己的情绪，然后顺着这个情绪就能找到背后的价值观、假设、心智模式、思维方式，等等。我当时说谈不上高兴，因为后来经历的事情太多了，但是我绝不悲观。我不会因为经历的这些事情而悲观，尽管它是足够让人悲观的一些事情，但是反而使我增进了对世界的理解，因为增进了理解而增强了信心。如果不够理解的话，会盲目乐观，那样事情可能会不好办。”

那老师：“如果再做这件事会做出哪些调整？我现在还回答不了。我觉得做出一些调整是必需的，但是放在不同的历史阶段，有不同的调整方法。如果放在今天会怎么调整呢？我不知道，因为我没有面临这个问题。如果用假设的方式来回答这个问题，恐怕真实性会远远不够。”

那老师：“小张老师关于价值取向的问题，我很快就回答了。我现在也会这样选择，只能做正确的事情，把它做得有效果，这是不会变的，几十年来没变的就是这一点。”

那老师：“盲区来自没有兴趣和没有选择，我可能会选择某些部分成为我的盲区，这是很有趣的一件事。如果从价值观的角度讲，我允许自己有哪一部分盲区对我才是有利的？这是一个好想法。关于‘贡献’一词，我在断断续续回答问题的时候，觉得这个案例还是有意义的。关于给挚友建议，张三李四，我回应会非常不同。我对自己的要求和对别人的要求都是一样的，不存在对谁宽对谁严的问题，都一样严。关于对当时组织和当下组织的影响，还是那句话，经历得越多足以使人悲观的事情，反而让我增进对这个世界的理解。由于这份理解，我会增进一分亲近它、解决它、面对它的亲和力和勇气，亲和力是使自己跟世界的关系不那么紧张，就像罗曼·罗兰讲的那句话，看清真相也依然热爱。”

那老师：“洪老师说这种做法对身边人有影响，继续做些什么才会持续影响？这是好问题，我是用内训师这段经历来回答的。其实过程中还钩沉出了几个更小的案例以说明主体案例，如果我们的提问者能够用一些亲身经历的小案例来回应我的主体案例，我想我不至于这么困惑、这么迟疑地回答问题，这算是我给提问者的建议。带出来的两三个小案例附着在主体案例上，使得主体案例更立体、更丰满、更容易理解。”

那老师：“其实那三点建议之前也是从来没这么想过的，今天的氛围和洞见性提问促成了这三点很落地的建议，对我本人也有触动。”

卢老师：“感谢大家，让我在这个时段真正地活在真实里，我很自在，心更舒展，只有汲取，没有别的，示范就到此结束。接下来进入答疑环节，请学员们提问。”

学员："学员和催化师分别会从案例解构中学到什么？"

那老师："对学员来讲，他们有机会把自己印象深刻的亲身经历的案例分享给大家，其实就挺不错的，可以打60分。如果能够通过大家的洞见性提问，使他对这个案例产生新的认知，把重新改造过的案例又放回到自己大脑里，可以打80分。如果进而对于其他学员通过'切己'产生新的思考，就可以打100分，这是学员的收获。对催化师来讲，催化师本人其实就是管理者当中的一员，学员的收获他也会有，而且可能会比学员收获更多，因为他经历的场次多，又明白V字形理论背后的底层逻辑，会像吸星大法一样收集能量。作为催化师，他的技能肯定是越磨炼越好，因为催化师的技能不是谁能教的，只能是自己通过实战才能学到。"

学员："我感觉比案例更有意义的事情是那老师对提问的回应，每一句话都让我很有共鸣，让我收获巨大的力量和认同感。我感觉自己在提问方面，不太好把握，如何让学员也能像我今天这样受到触动？"

那老师："你如何让你的学员像你今天这样受到触动，这不该是你考虑的问题，那是学员们的事情，你只关心你自己该做好的那部分就可以。那就是很公平地对待他们、关心他们、爱护他们，打心眼儿里对他们有一份慈悲，灵活地用一些方法达到效果。如果你对效果还感觉不够清晰、不够令你满意，那没有关系，你只要觉察到哪里不够清晰、哪里不够满意就好。在过程中得到反馈，比结束的时候得到反馈更有意义。至于如何提问，其实简单地回答就是只能在提问中学会提问，真的没有什么捷径，实际上关于提问的原则要比提问的方法重要得多。”

学员：“我给学员带来的可能是我主观认为是他们想获得的，为此我在提问的时候每次都要费力地组织语言，怎么办？”

那老师：“你不用纠结自己是从主观的角度考虑的，因为每个人都是从主观的角度来考虑事情，这是回避不了的，你不用关注这一点。你只需要关注对方的反应是怎样的，你想让他得到的反应是怎样的。看清这其中的落差就会帮助你找到方向。”

学员：“今天下午这个案例是那老师作为案主来给我们进行分享的，那老师的思维独特，阅历丰富，在回应中不是正面回答问题，反而很触动人。但如果碰上案主只是说这个问题很好，引发了我的思考，后面就没有更进一步的解释，该怎么办？”

那老师：“公约第一条，任何案例都有解构的价值，任何一个人的任何一个案例都属于组织中的每一个人，其实这就是案例解构的底层逻辑之一。组织内各种各样人的案例都有解构的价值，因为他身上发生的事就在影响着他人。我们不应该挑选案主。比方新手医生挑选容易医治的病人，他怎么会成为名医呢？挑选病人，这不是好医生做的事。那么，挑选案主也不是好催化师做的事。如果遇到一个案主很表面地回应，怎么办？给他时间，肯定他。任何一个人说的一番话，一定有几句是值得肯定的。能把知识讲得条理清晰、内容又很丰富的老师，只是中等的老师。好老师善于发现学员的亮点，加以点评，这就像滴灌。海灌知识是在浪费资源，只有被学员吸收的知识才是有意义的知识。我刚才回答后面的问题，其实就是缺时间。第三个办法就是示范，催化师从学员的案例里学到了什么，把它说出来，引导小组内那些表达能力强的学员来回答问题。要相信，任何案主一定是有更好的答案的，只是暂时没有发现而已，我们的任务是帮助他去发现。”

学员：“如何面对情绪出现？”

那老师：“过程中会有一些困扰，比如说案主有一些情绪的时候，会不太敢再往下问，会担心触及个人隐私。每个行为的背后都有正面动机，迅速找到每个行为背后的正面动机，把它转化成提问，抛给对方。看似很荒唐的一个行为，它背后一定有一个正确的动机。连续问几个为什么就找得到。为什么要抢银行？要钱。得到钱之后又能满足你什么？汽车、房子。当这些都满足的时候，你又能得到什么？安全感、幸福。除了抢银行之外，你所能想到的，并且你也擅长的事情是什么事情？假如让你选一个，你会选哪一个？从他的正确动机里边找到一些不危害自身，也不危害他人的方法，这就是寻找正确动机的目的。寻找正确动机的目的不是停留在那里，而是再回到现实中，再回到行为上，找到一个不危害自己和社会的行动方案。从正确动机开始向现实推导，推导出一个他能接受的，至少他愿意思考的一个方向。”

学员：“为什么会公选出负面的案例？”

那老师：“案例不分大小，不分好坏，无所谓正负，其价值几何在于怎样解构。人性里喜欢窥探到一些平常很难窥探到的东西，这很正常，满足他。当他得到满足之后，就开始对一些其他方面的东西产生兴趣。越是压制某种兴趣，窥探的欲望会越强烈。为什么会公选出你所谓的负面案例？这不是问题，允许它发生，然后做一些你认为更有价值的案例来引导大家的消费倾向。创造市场比发现市场更重要，靠什么来创造市场？创造需求，就要靠新项目的推动。找到正确的培训项目，比做好眼前的任何培训项目都重要。”

卢老师：“今天下午的案例解构演示与答疑就到这里，让我们带着一份觉察，从知到行，在催化师的道路上越走越远、越走越好。”

当晚在师资群里，洪老师说：“那老师给未来的年轻人提的三点建议，太有力量了，现在仍在我的脑海中回荡，足够绕梁三日。”段老师说：“没错，很震撼。真诚不是说出来的，而是内心深处的承诺。”我说：“我只是氛围的代言，这就是共创未来。”

十几天后我找同事核实，他说我在三个人中是第二位提拔的，且年龄最大。我一时惊呆，连忙在线上向同学们更正，有同学还说：“真实、严谨！或许这是我们更应该向那老师学习的优秀品质”。又觉得不对，找记忆中第二位提拔的本人核实，他肯定地说比我早提拔几个月，这与我的记忆大体相符。我便回头又让那位同事去查当年的任职文件，果然我的记忆没错。但的确三个人中我的年龄要大一点，当然这倒不能说有些浪费汪老师那么有洞见性的提问。

运用V字形理论解构案例，案主总会强烈地感觉受到冲击。解构后重新得到的案例，会成为叙事良好的人生脚本，将于当下和未来生成不那么令自己感觉遗憾，甚至令自己颇感满意的事情。

接着令我没想到的是，在6月2日下午的结业式上，热情的学员们竟别出心裁地设计了一个与我的问答环节。

学员：“如果再出一本书，您是否会把我们的故事写入书中？”

那老师："真的在写一本书，昨天正写到我们的故事。"

学员："我们是第一期，还会有更多期，还会有更多可爱的、优秀的学员。我们在您心中的位置是怎样的？您会爱我们多久呢？"

那老师："你会忘掉你的初恋吗？你们第一期就如我的初恋。"

学员："那天您说耳聋、耳鸣可以是结束生命的理由，心里特别难受……"

那老师："你知道，人在最亲的人面前说话总是会很随意的，对吗？"

学员："如果说我们是一粒粒种子，那么您希望未来我们在中石油这片土地上开出什么样的花，结出什么样的果？"

那老师："你是怎样看中石油社会形象的？你的思考里面就会有我要回应给你的答案。"

学员："在成为优秀催化师的过程中，您对我们有哪些期许和建议？"

那老师："要自信，要多实战，要善于团队作战。从离开大庆后，我就一直在孤军奋战，孤军奋战是没有出路的。进了咱们师资团队，我就像找到了组织和家一样，这个团队给了我很大的力量。"

学员："您觉得和我们相处，能年轻10岁还是能年轻20岁？"

那老师："年轻20岁那是我明年的期望，今年我年轻了10岁。"

学员："您觉得对我们这些刚刚走上催化师这条路的人来说，最重要的应该是什么？"

那老师："假如你们在路上走的时候，看见一只猪在泥塘里打滚，一边打滚一边哼哼，你应该感觉到它感觉是很舒服的，但是你未必会跳到泥塘里跟它一起打滚，或许这只猪会蹿上来拱你一身泥。但你会真的跟它生气吗？不会。为什么？因为你们是不同的物种，不同的生物有着各自的属性。如果在人群中有这种猪一样的人物，你怎么办呢？我就要告诉你们不要生气，往前走，做你自己就好了，让他先舒服他的去。实际上，人这一生当中的老师其实只有两位，一位是告诉你怎样成为一个人，另外一个在用相反的方式告诉你应该怎样成为一个人，那就是'猪们'教给我们的。所有反对你的、质疑你的、攻击你的这些'猪队友'，其实都是你们的老师，你们只有把他们当作老师才有可能有未来，否则不会有未来的，这就是我想告诉你的最重要的一点。"

学员："其实我们都谈到去年以来催化师培训项目对我们的改变是什么，我也特别想知道两年来这个项目带给您的改变是什么。”

那老师：“这个问题10分。从来没想过，给我点时间想一想。对我的改变很多，最大的一点改变就是让我重新燃起了一种希望之火。其实一直没有熄灭，只是不再那么旺盛，是你们重新添加了燃料，又能熊熊燃烧起来。第二个收获，就是让我对师资团队产生了深深的敬意和感谢之情。第三点就是让我感觉到我们最初选择从中石油生产经营等岗位挑选35岁左右的年轻人培养成为催化师是正确的。还有，我在进入这个项目之后，脑子越来越清醒，不断地在‘切己’，找到很多缺点、不足和需要努力的方向。”

学员：“如果没有疫情，咱们会线下培训吧？”

那老师：“我们特别热切期盼着能在线下培训，哪怕我们先隔离14天也行。但是这次线上培训让我看到了线上培训的强大生命力和独特优势，也让我们师资团队发现了自己的潜能和更好的你们。”

学员：“我们躬身进入的这个局，肯定不是说让我们俯下身子，上几堂催化课这么简单。那么这个局可能是一个大局，对此您对我们的希望是什么？”

那老师：“德鲁克这样形容中高层管理者，他说中高层管理者不是职位高低决定的，而是他在思考些什么，他对组织的影响是什么，哪怕是最低层级的管理者，如果他思考的是如何影响组织、如何为组织带来成果、如何做出更大的贡献，他就应该是中高层管理者。其实我就是想用这段话来回应这个问题。你们还会回到原来的岗位上，但已经不是之前的自己，你们已经是中高层管理者了，你们的站位已经变了。你们跟上级打交道的时候，可以变得更从容、更自信、更有耐心，你们会更愿意去发现上级的长处，你们考虑更多的将是发挥他们的长处，而不是发现他们身上的弱点，然后回到家里抱怨。我们在体制内，就像不能选择父母一样不能选择领导，如果我们抱着那种选择领导的态度，可能很快就虚度蹉跎了青春岁月。我们更好地影响组织其实不是靠才干，而是靠意愿。意愿会让我们增长才干，会激发我们更多天马行空的、灵光乍现的、不切实际的奇思妙想，然后把它落地变成措施，变成跟领导应对的每一句话，甚至每一个肢体语言，它都来自你心底里最深的意愿。不成为这样的中高层管理者，你们难道还有别的选择吗？当然如果职位达到了中高层管理者，我希望你们不要亵渎那个岗位，你们应该把自己放在更高的层级上去考虑如何影响组织。”

学员：“我们团队这次返岗实操获得认可，接下来我们会有很多班需要用到行动学习。我们团队如何去利用每一个人的优势？我们每一个人应该发展出什么样的特质才能很好地应对将来的局面？”

那老师：“先祝贺你们！你们团队每个人该发挥出怎样的优势去迎接接下来的挑战，那要看学员们在课堂上呈现出来的问题是什么。我们是以学员的问题为导向来设计我们每个人的分工的，当然这要每个人首先有很清晰的自我认知——你擅长什么？如果学员需要的恰是我们擅长的，那当然好。但如果不是呢？怎么办？只有两个办法，我们的团队需要引进新的成员，或者需要现有团队的成员再生长出其他的优势。不要着急，这些学员都会教会你们的。如果你担心不能很好解决问题，实际上是在不相信学员、怀疑学员。不要向我们师资团队求助，师资团队就仿佛已经放手让孩子自立的父母一样，未来的路是需要你们自己去走的。你们真正的伙伴是学员，不是我们师资团队。”

学员：“我担心上层对于行动学习不够理解，需要去做很多说服的工作，我觉得我不擅长，怎么办？”

那老师：“你是如何知道你不擅长的？你验证过吗？你验证过多少次？其实你用‘说服’这个词就代表你认为自己是对的，对方是错的。你要用‘证明’这个词。你用什么来证明你是对的？唯有项目的效果。所以，多做项目才是正确的选择。你们不但要相信学员，还要相信领导。因为除却相信，别无选择。学员也好，领导也好，都是理性的，都是希望看到效果好的项目呈现出来。所以，实际上你担心的都是还没有发生的事情。把你的焦点放在当下，看看能做些什么，马上就去做。”

学员：“您就像推巨石上山的孤勇者，如今身边立满了愿为催化事业躬身入局的年轻人。您觉得是什么内核在推动您一直在做这件事？”

那老师：“这个问题10分。我没想过这个问题，我要略微思考一下。好像是我童年的时候就是这样子，有一股力量在推动我。从我记事的时候起，我印象最深的就是听样板戏——《红灯记》《沙家浜》《智取威虎山》，我想这是教育背景赋予我骨子里的。还有就是家族，我在公选的案例里有一个叫“突发性耳聋前后”的案例，其实就跟家族有关系。我是一个家族观念特别重的人，其实我突发性耳聋就跟我的家族后辈的成长进步有关，甚至我爱人的侄子都在我所谓的家族范畴里。教育和家族背景之外的第三个因素，就是自我觉醒，头脑中始终徘徊着那几个重要的质询：富人为什么会富？穷人为什么会穷？为什么不是人人拥有平等的权利？这些问题从童年开始就有，一直想解决这些问题。如果你问我在为谁做培训，肯定不只是中石油，而是所有央企，所有中国企业。”

学员：“是您点燃了我们……”

那老师：“我们是相互点燃！你说一根火柴划向一根蜡烛，

火苗燃起来的时候，那是火柴的功劳还是蜡烛的功劳？我们的相遇就是这样一个过程，这应该是我职业生涯后期跟值得我倾情投入的一个群体的美丽邂逅。不过我觉得这次邂逅来得是那么的不是时候，或者说来得是那么的是时候。说来得不是时候，是我身心状态最差的时候，我需要休息，我需要睡眠。说来得是时候，如果我这次不参加的话，可能就再没有机会参加。当火柴与蜡烛相遇，你能肯定谁更幸运？”

学员：“被蜡烛照亮的人更幸运吧！我想说，所有发生在当下的都是最美好的。老师，您还有什么特别的话要对我们说吗？”

那老师：“刚才段老师不是说了，他从来不担心我们将来不会重逢。我只希望我们在重逢的时候能把这次回去之后创造出来的新案例带过来，或者把老故事换一种新的叙述方式带回来也好。要知道，我们每个人都是用有意识创造精彩故事的方式为社会做贡献的。”

将我在这个项目课程中的一段话放在这里，作为诠释“问答之间”这一话题的结尾，再合适不过：“一个人的立场往往是由阶层决定的，而他如何定义成功和失败则是他所有观点的发源地。一个人永远不可能脱离他的经历去思考和谈论任何问题，永远不可能。所有未经证实而认为应该怎样或不应该怎样的，都属于信念。认定事情的意义、事情里的好处或坏处，便是价值观。一个人的价值观，大部分都是给别人准备的，很少使用在自己身上。深层假设，更是冰山下面最深的、由无意识加工出来的，不需要任何理由而成立，默默地照顾人的一生。至于主张，只是权衡利弊后的宣称而已。然而，只有心智模式和思维方式，恰恰是一个人不假思索地极其熟练地运用在自己身上的一小部分立场、观点、信念、价值观、深层假设、主张。它练达于人际，代表一个人将想法转化为行动时运距最短、反应最快、最为惯熟的技能。但它必然也将是检验自己最权威的终裁、代言，负责检验一切自己的立场、观点、信念、价值观、深层假设、主张，统统让它们暴露在光天化日之下，它可以戳穿自己的一切谎言、击穿使自己苟活的盔甲，把那些伪设、虚假、自欺欺人全部暴露出来给他人看见。”

后记

一直想以简练明快的语言写一本关于对话理论方面的小薄册子（之前出版的几本书字数实在太多，写作与出版都颇费周折），我以为这无论对于我所身处的培训界还是我所关心的企业界，甚至我所身处且关心的家庭生活，都是一件重要且迫切的事情。当然图书市场上并不缺少这类书，不同的是这本书以提问为眼见的特色。

写这样一本书，首先闪现在头脑里的就是作为本书题记的那句非洲谚语："一个人之所以为人，是因为有其他人。"这句话真是精辟绝伦！这要比马克思那句"人的本质在其现实性上，它是一切社会关系的总和"还要简单明晰。这还让我想起阿尔弗雷德·阿德勒在《自卑与超越》中讲的一句话："人生真正的意义是从与人交往中体现出来的。"

但更让我无论何时重温都会深感震惊与油然升起自豪之情的一段话却是中国古代先贤孟子讲的：“人之所以异于禽兽者几希；庶民去之，君子存之。舜明于庶物，察于人伦，由仁义行，非行仁义也。”

我小心翼翼地翻一下这段话的意思：人区别于禽兽的地方只有很少一点点，那便是仁义之心，但几乎一般的民众都丢弃了它，只有君子才保存了它。舜既明白事物的道理，又明察人伦关系，因此能遵照人类本性中的仁义之心行事，而不是刻板地施行仁义。

如果读者在阅读过这本书之后，能够说“原来对话这么重要啊！”“提问竟然如此有趣！”“嘿，我也准备运用一下！”，我将感到十分高兴。哪怕读者能够说只是记住了非洲这句谚语或记住了马克思、阿德勒、孟子的那几句话，我也将感到九分高兴。

那子纯于关东卧听斋

2022年8月